AF472998

STYLES

ARCHITECTONIQUES RELIGIEUX.

Laval, Sauvage-Hardy, imp. et lithog., passage Saint-Julien.

ANALYSE

DES STYLES

Architectoniques Religieux,

D'APRÈS MM. LIBRI ET DE CAUMONT,

SUIVIE

D'UNE NOTE SUR LES PIERRES TOMBALES,

D'APRÈS LE NOIR, SAINT-FOIX, MONTFAUCON, MARC DE VULSON,
ET AUTRES AUTEURS.

LAVAL,
H. GODBERT, LIBRAIRE-ÉDITEUR,
RUE DE LA TRINITÉ, N° 25.

1841.

Jamais à aucune époque les études archéologiques ne fixèrent autant l'attention générale. On veut absolument pouvoir assigner une date certaine aux ruines et aux édifices qui couvrent notre sol; les femmes même savent vaincre l'ennui attaché à tout début dans la carrière, et s'empressent autour de ceux qui peuvent observer. Nous croyons donc accomplir une œuvre agréable à tous en faisant une analyse rapide et pourtant consciencieuse, des styles architectoniques religieux. Nous prendrons pour guides MM. Libri et de Caumont; l'ouvrage sommaire de ce dernier sera surtout notre point d'appui. Le prix élevé des livres qui traitent de l'architecture ne permet pas à tout le monde de les consulter, nous espérons contribuer à former des observateurs, par la publication de notre petit abrégé.

Ignari discant, ament meminisse periti.

Chapitre premier.

Des Gaulois.

Quand les Romains s'emparèrent de la Gaule, les habitans pratiquaient une religion barbare et grossière, ils adoraient leurs divinités à découvert sous la voûte du ciel. Leurs temples ne consistaient que dans des enceintes de pierres, qui se trouvaient ordinairement dans le fort des bois les plus sombres. Les Gaulois les entouraient encore de grands arbres et de buissons épais formant bientôt une voûte impénétrable aux rayons du soleil. Là, touchés d'une religieuse horreur, ils imaginaient quelque chose de terrible qu'ils appelaient *Dieu*. Ils choisissaient pour leurs cérémonies certains jours de la pleine lune, qu'ils regardaient comme très-heureux. Dans ces assemblées, les prêtres distribuaient au peuple, des feuilles de verveine, de pastel ou de samole, et quelquefois des débris du gui sacré venu sur un chêne et coupé avec une faucille d'or ; c'était pour les Gaulois un remède certain contre le poison, les maladies et la stérilité. Un sacrifice où coulait souvent le sang humain terminait la cérémonie ; les *vacies* (1) déposaient alors sur des autels de pierre (dont plusieurs sont venus jusqu'à nous) des hommes liés et renfermés dans des claies d'osier ; le sacrificateur, couronné de branches de chêne, brandissait son couteau d'or au-dessus de la tête de la victime, avant de l'immoler, pour interroger ses entrailles, et chantait des hymnes en l'honneur de ses dieux, tandis que les Druides, (2) en blanc sagum (3), brûlaient les feuilles du gui sacré, cueilli le sixième jour du mois (4).

Les jeunes filles, avec leurs manteaux de canevas et leurs

(1) Nom d'une classe de Druides, chargés des sacrifices. Les *vacies* expliquaient les oracles conjointement avec leurs femmes ; quand ils étaient en fonction, ils se couvraient la tête d'un capuchon et d'une couronne de chêne.

(2) Les Druides, prêtres des Gaulois, cachaient soigneusement le fond de leur religion ; ils exerçaient un pouvoir absolu du fond des cavernes qu'ils habitaient dans les bois. Il dictaient des lois au peuple prosterné et lançaient des arrêts de mort contre leurs ennemis. Il tiraient leur nom du mot grec *Drus*, (chêne), à cause de leur prédilection pour cet arbre ; ils reconnaissaient un seul chef et avaient des fonctions distinctes ; outre les *vacies* dont nous connaissons l'emploi, ils comptaient dans leurs rangs les *Bardes* qui s'occupaient de poésie et chantaient pendant les sacrifices ; les *Eubages* qui cultivaient les sciences naturelles et la médecine, et les *Saronides* qui étaient chargés de l'instruction publique. Les Druides savaient le grec et connaissaient l'astronomie : ils portaient la barbe longue, ils étaient souvent coiffés d'un bandeau qui leur ceignait le front, et revêtus d'une longue tunique recouverte d'un manteau blanc de très-beau lin ; ils croyaient à l'immortalité de l'âme et se prêtaient volontiers de l'argent, espérant qu'il leur serait rendu après leur mort ; ils se tournaient du côté gauche dans toutes les cérémonies.

(3) Espèce de *blouse* fendue ayant des manches ; elle était chamarrée de bandes de pourpre.

(4) Les Gaulois appelaient le Gui *Guéritont*.

kerchefs (1) dont les extrémités flottaient au loin derrière elles, assistaient à ces sanglans et terribles mystères; elles écoutaient dans un profond recueillement les bardes, qui, cachés sous le feuillage, agitaient doucement les cordes de leurs harpes, en chantant dans le lointain Bélénus, Tarann et Teutatès.

Le christianisme vint enfin faire justice de tous ces meurtres commis sous le manteau de la religion; avec la puissance de la vérité, il démasqua la fraude et le mensonge. La foi, tenant la charité par la main, proscrivit à jamais ces sacrifices impies, où le sang des hommes coulait sur la pierre.

Longtemps encore les Gaulois conservèrent le culte de leurs faux dieux; ce ne fut qu'à la fin du IIe siècle, que la religion du Christ s'introduisit dans les Gaules. Au IIIe siècle, des missionnaires, partis de Rome, vinrent prêcher jusqu'en Touraine, mais ce ne fut que sous le règne de Constantin (2) que l'on bâtit des églises en France. Auparavant, on célébrait les saints mystères dans des cavernes ou dans les maisons des nouveaux convertis, mais la protection que l'empereur accorda aux chrétiens, leur permit

(1) Kerchef, espèce de longue guimpe ou voile.

(2) Il naquit en 272, suivant d'autres en 274; il succéda à Constance, collègue de Galère en 306, et mourut le 2 mai 337.

enfin d'élever des temples dont quelques-uns subsistent encore.

Chapitre II.

Des Basiliques.

Les premiers évêques de Rome trouvèrent les *basiliques* tout-à-fait convenables pour la célébration des cérémonies du christianisme, ils les préférèrent aux temples des faux dieux, souillés par un encens sacrilège, et d'ailleurs si petits que l'on fut obligé d'accroître ceux qui furent transformés en églises, car le peuple restait au-dehors du sanctuaire, et il n'y avait à pouvoir y pénétrer qu'un petit nombre d'élus, et les prêtres de la divinité.

A Rome, les basiliques servaient à la fois de tribunaux et de bourse de commerce, quelques-unes mêmes contenaient des marchandises comme nos bazards. C'étaient des bâtimens fort simples à l'extérieur; les murs, percés de fenêtres cintrées, n'avaient pas de colonnes; à l'intérieur, deux rangs parallèles de supports divisaient l'édifice en trois parties inégales dans le sens de la longueur. La galerie centrale était la plus large et la plus élevée, elle était occupée ainsi que les deux autres par les marchands, les plaideurs et les curieux. A l'extrémité des galeries, il y avait un espace réservé aux avocats et gens de justice, il était terminé par un enfoncement semi-circulaire devant la galerie centrale où siégeaient les juges.

Les basiliques transformées en église, il fut facile d'adapter les cérémonies à la disposition du local ; l'évêque, entouré des prêtres assistans, se plaça au fond de l'hémicycle où siégeaient auparavant les juges. L'espace réservé aux avocats, devint une enceinte privilégiée pour les chantres et les ecclésiastiques, on lui donna pour cela le nom de *chœur*, et l'autel fut placé au centre à peu-près. A droite et à gauche, on établit deux petites chaires que l'on nomma *ambons*, dans lesquelles on venait lire l'épître et l'évangile ; les nefs furent occupées par les fidèles, la droite par les hommes, la gauche par les femmes. Une partie de la galerie du centre était réservée aux catéchumènes qui ne participaient pas encore à la célébration de la messe, mais qui venaient seulement écouter les instructions. Comme il y avait deux ordres de colonnes dans la nef centrale de la plupart des basiliques et qu'il régnait une galerie au-dessus du premier ordre, ces espèces de tribunes furent réservées aux veuves et aux vierges qui se consacraient à la prière.

Afin de rappeler les temps de persécution, où les fidèles étaient obligés de se cacher au fond des catacombes, pour célébrer les saints mystères sur le tombeau des martyrs, on creusa sous l'autel un caveau auquel on donna le nom de crypte ou de confession ; c'était là que l'on déposait les restes des chrétiens morts en odeur de sainteté. On ajouta aussi à quelques églises une cour carrée entourée de portiques. C'était le lieu de retraite ordinaire des catéchumènes, qui ne pouvaient encore assister aux cérémonies; le milieu de la cour était le plus souvent occupé par un réservoir entouré de colonnes, supportant un toit; comme les néophytes y recevaient le baptême, on appelait cette piscine le *baptistaire.*

Adaptées de cette manière au culte, les basiliques devinrent le type de presque toutes les églises. Leur forme reçut une espèce de consécration religieuse, dont on ne s'écarta guère jusqu'au XIe siècle.

CHAPITRE III.

Description des Églises primitives.

Dans la deuxième moitié du Ve siècle, les édifices religieux devinrent plus vastes; les faux dieux continuèrent cependant à conserver un certain nombre d'adorateurs, car on trouve encore au VIe siècle le culte des idoles sur le mont Phannus près Bayeux, et ce n'est que dans le VIIe siècle que l'on rasa leurs temples dans la deuxième Lyonnaise, malgré l'édit de Childebert, publié en 554, qui ordonnait la destruction des idoles et la démolition de tous leurs temples. Les constructions des premières églises offrent tous les caractères de l'architecture romaine dégénérée; M. de Gerville la désigna le premier sous le nom de *romane.* Nous allons passer rapidement sur cette époque reculée, car il existe en France un bien petit nombre de monumens que l'on puisse sûrement faire remonter avant le XIe siècle.

Voici, d'après Grégoire de Tours (1) la description des anciennes églises : elles étaient oblongues, avaient une ou trois nefs, mais étaient toujours terminées circulairement à l'est par un enfoncement appelé apside ; elles étaient coupées par une nef transversale, nommée *transept,* qui donnait aux édifices la forme d'une croix. Les fenêtres cintrées avaient de trois à quatre pieds de hauteur sur un ou deux de largeur. Le cintre qui les recouvrait reposait presque toujours sur des pilastres, il était ordinairement simple et sans moulures ; quelquefois les pierres étaient séparées par des briques accolées ; on encadrait souvent cette archivolte (2) mi-partie de pierres et de briques, dans une bordure de ces dernières disposées en demi-cercle ; les saillies en pierre remplaçaient aussi les cordons en briques.

Le cintre des portes reposait ordinairement sur de simples pieds droits ou pilastres, rarement sur des colonnes ; il était orné de différentes moulures et incrustations, ou sim-

(1) Il vint au monde en 539 et mourut en 593.

(2) L'archivolte est une large bande qui fait saillie sur le nu du mur, qui suit le cintre d'une arcade et qui va d'une imposte à l'autre.

plement de pierres cunéiformes symétriques, alternant avec des briques et surmonté d'un cordon en saillie. Presque toujours une porte carrée s'ouvrait au milieu de l'arcade. Le tympan (1) était souvent rempli par l'image de la croix; les portes principales étaient placées dans la façade de l'ouest.

Les arcades qui mettaient la nef en communication avec les ailes, n'offraient le plus souvent pour décoration que des pierres symétriques, quelquefois séparées les unes des autres par des briques. La grande arcade qui était entre le chœur et la nef était ornée de mosaïques, représentant la mort et la passion de Jésus-Christ; on y met encore quelquefois un Christ. Dans le VIe siècle, le chœur s'allongea, et les autels se multiplièrent autour de l'autel principal. Les colonnes cylindriques, qui, dans les beaux temps de l'art, supportaient les arcades dans l'architecture romaine, furent remplacées par des piliers carrés; les arceaux des voûtes reposèrent sur les chapiteaux des colonnes, on ne vit plus de frise (2) ni d'architraves (3), on ne conserva plus que des corniches supportées par des consoles ou modillons (4).

(1) Le *tympan* est l'espace uni du fronton compris entre les trois corniches qui l'environnent.

(2) La *frise* se trouve entre *l'architrave* et la corniche.

(3) *L'architrave* pose sur les chapiteaux des colonnes ou des pilastres.

(4) Les *Modillons* sont de petites consoles sous le plafond de la corniche.

Chapitre IV.

Division et plan de l'article.

Tels sont les principaux caractères que l'on rencontre dans les premières églises ; ils se maintînrent jusqu'au xe siècle. C'est à cette époque que finit la période que M. de Caumont appelle *romane primitive* (elle commence au ve siècle) ; il nomme *romane secondaire* celle qui comprend le xe siècle et presque tout le xie, et *romane de transition*, les dernières années du xie siècle, et la première moitié du xiie.

Pour nous qui n'avons point la prétention de faire un cours d'archéologie, mais seulement d'indiquer les principales masses, nous désignerons sous le nom de *romane*, l'architecture, jusqu'au moment où l'on vit l'ogive remplacer le plein cintre, et constituer un des caractères distinctifs du nouveau style, c'est-à-dire jusqu'au milieu du xiie siècle, puis nous appellerons *ogivale* (sans tenir compte encore des savantes subdivisions établies par M. de Caumont), toute la période qui s'étend de la deuxième moitié du xiie siècle, à 1550, époque où les artistes revinrent à imiter les Grecs et les Romains : car bien que dès la fin du xve siècle, on eût commencé à retourner à l'architecture *classique*, ce ne fut que dans la dernière moitié du xvie que l'ogive fut tout-à-fait abandonnée pour le plein-cintre ; nous dirons aussi quelques mots de l'époque appelée *renaissance*, que l'on fait remonter jusqu'au règne de Louis XII, parce que dès-lors on ne conserva plus l'ancien style que pour les églises, et qu'il ne parut plus dans les autres édifices publics ou particuliers. Pourtant, ce n'est qu'à la fin du règne d'Henri IV, que l'architecture se débarrassa entièrement des moulures, des ciselures et des ornemens de la période *ogivale*, et qu'elle reparut telle que les Romains l'avaient reçue des Grecs.

Notre cadre est trop resserré dans un recueil comme celui du *Mémorial de la Mayenne*, pour que nos lecteurs puissent s'attendre à nous voir entrer dans tous les détails de la science, mais nous promettons de faire tous nos efforts pour que ce petit abrégé puisse suffire à la classification des monumens religieux.

Chapitre V.

Des voûtes.

La plupart des églises romanes primitives n'étaient point voûtées. Celles qui faisaient exception à cette règle, présentaient un massif de petits moëllons de toutes formes, noyés dans le mortier : les parties voûtées de préférence, étaient le point semi-circulaire du chœur, les ailes et les chapelles. Les grandes difficultés que les architectes éprouvaient à construire de larges voûtes furent cause que presque toutes les charpentes qui supportaient les toits, restèrent à nu ; car ce ne fut que du XIe au XIIe siècle que les ouvriers devinrent habiles dans ce genre de construction, et beaucoup d'églises de cette époque ne furent voûtées qu'au XIVe et XVe siècles (1).

Chapitre VI.

Des tours.

C'est aux Romains que l'on doit l'introduction des cloches dans les Gaules, mais elles n'y furent pas en usage avant le Ve siècle, et leur petit volume ne nécessita pas d'abord l'érection de bâtimens spéciaux. Ce ne fut que vers le IXe siècle, que leur poids et leur volume rendirent les tours indispensables; mais si elles furent rares en France avant l'époque que nous citons, nous ne prétendons pas pour cela qu'il n'en pût exister quelques-unes au VIIIe et même au VIIe siècle; pourtant celle que le pape Etienne III fit élever sur Saint-Pierre de Rome, ne date que de la deuxième moitié du VIIIe siècle, et, selon toute vraisemblance, la première église du monde chrétien dut en posséder une longtemps avant les basiliques des Gaules. Quoi qu'il en soit, les

(1) On remarque dans quelques églises du XIe siècle un luxe extrême. Voici par exemple la description de Saint Germain-des-Prés de Paris, fondé en 558. Jacques Bouillard nous apprend qu'il s'y trouvait des colonnes de marbre, que la voûte était ornée de lambris dorés, les murs de peintures à fond d'or, le pavé était formé de mosaïques et le toit en cuivre doré, ce qui lui fit donner le nom de *Saint-Germain-le-Doré*.

premières furent carrées, peu élevées, et percées de plusieurs arcades sans colonnes ; elles furent placées indifféremment au centre de l'édifice, ou au-dessus du portail de l'ouest, ou bien à côté des églises.

Les ornemens de cette époque étaient, comme nous l'avons dit, des incrustations de pierres de couleur ou de terre cuite, des arcades à plein cintre sans ouvertures, des niches, de fausses fenêtres cintrées, des frêtes et des billettes. La porte du prieuré de Saint-Martin, que l'on peut voir au commencement du faubourg de ce nom, montre des billettes et des fenêtres crénelées rectangulaires.

Chapitre VII.

Des appareils.

Jusqu'au XIIe siècle, on continua l'usage des appareils employés dans l'architecture romaine. On rencontre surtout l'appareil de quatre pouces carrés et celui de huit pouces de long sur cinq de large : quand on employait les pierres plates, elles étaient rangées sur le côté ; inclinées alternativement à droite et à gauche elles formaient des feuilles de fougères ou arrêtes de poisson.

Chapitre VIII.

Siècle de Charlemagne.

L'architecture romaine avait commencé peu après les

Antonins, à dégénérer de la simplicité du style grec dont elle tirait son origine; mais ce fut surtout après les guerres d'Asie, que l'on y introduisit les innovations licencieuses; elles allèrent toujours en augmentant dans les Gaules jusqu'au moment où parut la grande figure de Charlemagne (1).

La main puissante de ce prince vint donner aux arts une impulsion momentanée. Alors les architectes semblèrent sortir d'un long assoupissement et quelques églises, à l'imitation de Sainte-Sophie (2), élancèrent leurs coupoles dans les airs. Puis la lumière sembla s'éteindre de nouveau sous le petit-fils de Charlemagne, au milieu des dissensions intestines, et des malheurs qui résultèrent de l'invasion des Normands (3).

(1) Il fonda des écoles et donna la conduite de celle qu'il avait établie dans son palais à Alcuin, qui se rendit si célèbre dans l'université de Paris. Auparavant les seuls lieux d'éducation étaient les couvens de l'un et de l'autre sexe.

(2) Sainte-Sophie de Constantinople fut élevée par Justinien, au VIe siècle, dans cinq ans, un mois et dix jours; dix mille ouvriers y étaient employés.

(3) Malgré l'éclat momentané de l'art sous Charlemagne et son fils, on ne trouve guères de statues de cette époque; en voici la raison. En 794, on avait cherché à rétablir en France le culte des images qui avait été condamné à Constantinople et qui fut autorisé depuis par le deuxième concile de Nicée. Charlemagne le proscrivit dans ses états; par suite de la loi qu'il rendit à ce sujet les statues devinrent fort rares; mais aussi il en résulta des décorations qui appartiennent exclusivement à cette époque. Souvent les chapiteaux, au lieu de feuilles d'acanthe, offraient des bas-reliefs représentant la vie du patron sous l'invocation duquel l'église était placée. C'était un moyen assez ingénieux de suppléer aux images des saints qu'il était défendu de placer dans les temples.

Une superstition bizarre contribua aussi beaucoup à la nouvelle décadence de l'art qui avait paru un instant vouloir sortir de ses ruines. L'on s'était persuadé que le monde finirait dans le xe siècle; cette croyance était devenue si générale et si forte, que l'on ne prenait pas même la peine de réparer les anciennes constructions. Aujourd'hui les prédictions s'en vont perdant de leur crédit; car, malgré la mauvaise réputation de 1840, nous n'en voyons pas moins bâtir de tous côtés, comme s'il nous restait encore quelques années à vivre.

Après avoir attendu avec résignation les signes précurseurs de la destruction générale, les plus audacieux commencèrent à crier à la mystification, ils entraînèrent les autres, et l'activité remplaça l'apathie. Les Normands, subjugués par la beauté de la religion des vaincus, l'embrassèrent avec ferveur; ils se mirent à élever ou rebâtir grand nombre d'églises. Les plus riches d'entre eux, pour faire taire le cri de leurs consciences, s'empressèrent de doter les couvens et les paroisses. Souvent les chevaliers dont la vie s'était passée dans le meurtre et le brigandage, au moment de la mort, donnaient des marques d'une contrition profonde, et beaucoup d'entre eux voulaient mourir couverts des habits de moines, et couchés sur la cendre; à cet instant suprême, ils s'efforçaient, par de pieuses fondations, de racheter leurs fautes. Tous ces dons permirent aux évêques et aux abbés de faire venir d'Italie des ouvriers, qui, enrôlés sous des chefs, se portaient partout où ils étaient appelés. C'est à ces troupes d'artistes que l'on doit une architecture uniforme dans l'Europe occidentale.

Nous avons très-près de Laval quelques fragmens d'une église *peut-être* primitive ; on peut les voir à Notre-Dame des Périls, de Prix ou Prisce. La forme et la simplicité de l'apside et quelques cordons de briques que l'on trouve dans les murs, peuvent lui faire assigner une date reculée (1).

Chapitre IX.

Dernière époque de l'architecture romane.

Au XIe siècle, l'architecture romane se perfectionna, et l'on vit paraître une imitation du style bysantin qui n'est que le roman modifié par le goût oriental, il ne parut qu'alors dans les Gaules, bien que la statuaire en eût fourni quelques exemples dès le VIe siècle. Les archivoltes et les corniches se chargèrent de lozanges, de têtes de clous, d'étoiles, etc., et l'extrémité des modillons (2), souvent sans ornemens, montra des figures de monstres, d'hommes ou d'animaux. Les colonnes, toujours droites entre la base et le chapiteau, n'offrirent jamais de renflemens ; mais l'in-

(1) Elle pourrait être de la fin du VIIIe ou IXe siècle.

(2) On peut voir des modillons grimaçans à la Trinité et à l'église d'Avesnières.

vention la plus remarquable de ce siècle, fut la formation des piliers par la réunion des demi-colonnes en faisceau ; c'est le premier élément du style ogival, car aussitôt que la colonne ne fut plus qu'un ornement de support, on put varier ses proportions à l'infini ; un très-grand nombre de chapiteaux furent garnis de feuilles ou de cannelures, ou bien ornées de volutes (1) qui affectent les formes corinthiennes et composites. Les fenêtres, toujours cintrées, devinrent élégantes et commencèrent à se couvrir d'ornemens. Beaucoup sont disposées deux à deux, ce que l'on nomme *géminées*, alors elles sont le plus ordinairement encadrées dans un cintre d'un plus grand diamètre. On peut en voir un exemple au vieux château de Laval. Quand elles sont réunies trois à trois, celle du milieu est communément plus grande que les deux autres, qui sont presque toujours bouchées.

On rencontre déjà quelques ouvertures rondes dites *en œil de bœuf*. (Nous pensons que celles de Price sont de cette époque, car plus tard elles ne furent jamais mises à la place que nous les voyons occuper). Les portes conservent encore une grande simplicité. L'archivolte, ornée de moulures et parfois unie, repose sur de simples pilastres, et l'on voit rarement plus d'une ou deux colonnes de chaque côté. Vers le milieu du XIe siècle, les archivoltes se

(1) *Volutes*, ornemens des chapiteaux, des colonnes ioniques et composites en spirale.

multiplièrent et se chargèrent d'ornemens, il fallut donc donner plus d'épaisseur aux parois des portes, et proportionner le nombre des supports à celui des voussures (1). Le siècle suivant offre un certain nombre de portes sans colonnes et sans pilastres, ornées du haut au bas. Les portes ont été les parties les plus richement décorées dans tous les édifices religieux; la plupart étaient protégées par un porche, dont on voit encore souvent les traces. Les contreforts que l'on avait à peine aperçus dans le commencement de l'architecture romane, où ils se présentaient comme de simples pilastres, destinés plutôt à orner qu'à consolider les édifices, prirent une plus grande dimension à partir du XIe siècle ; ils ont pourtant rarement plus de six pouces de saillie.

Les arcades ouvertes, qui mettaient la nef en communication avec les ailes et qui étaient portées sur de grosses colonnes ou des piliers garnis de demi-colonnes se couvrirent d'ornemens; quelques cintres de cette époque ne présentent pas un demi-cercle parfait; les uns sont déprimés, on les nomme *arcs en anse de panier;* les autres dont la courbure excède les dimensions du demi-cercle, s'appellent *arcs en fer à cheval.* Les dales des tombeaux de cette époque sont rétrécies vers les pieds; ce n'est qu'au XIIIe siècle qu'elles conservent une largeur égale dans toute leur longueur.

(1) *Voussures*, toutes courbures en voûtes.

On rencontre quelques tours terminées par des plate-formes qui pouvaient servir à la défense; elles sont peu élevées au-dessus des toits, elles portent souvent à leur sommet des pyramides à quatre pans, que l'on convertit bientôt en flèches. On multiplia les tours seulement pour le coup d'œil; on en plaça souvent une de chaque côté du grand portail, et une troisième au milieu de l'édifice, sur la partie qui sépare le chœur de la nef, et que nous savons déjà s'appeler transept. Celle-ci était beaucoup moins haute que les deux autres, parfois ornée de manière à rester ouverte jusqu'au toit, et à présenter un grand vide ou dôme sur l'intersection de la croix. On voit dès-lors aux angles des façades, quelques-unes de ces petites tourelles appelées *clochetons*, mais ils ne devinrent nombreux qu'au XIIe siècle, car ils doivent être regardés comme appartenant au style ogival, puisqu'ils ne se montrent qu'au moment où l'architecture romane va disparaître.

Nous avons déjà cité Prisce, comme une église primitive assez bien conservée. La partie qui regarde la route de Changé, et dans laquelle s'ouvre la porte, n'est pas de la même époque que la partie opposée, dans laquelle on a bouché deux petites fenêtres ressemblant un peu à des meurtrières s'évasant vers l'intérieur; elles se trouvent en face de deux autres ouvertures parfaitement semblables ayant aussi des cintres de briques. Les deux ouvertures en œil de bœuf qui regardent Changé, sont bien postérieures à ces petites fenêtres, qui sont, suivant toute apparence, du bâtiment primitif, ainsi que les deux chapelles qui forment le transept. L'abside nous paraît avoir été reparée en dehors, elle devait avoir plus de profondeur : nous signalons encore à l'attention des observateurs, les briques accolées deux à deux qui viennent séparer les assises de pierres, et qui embrassent tout le vieil édifice construit en pierres échantillonnées. Avant de laisser derrière nous le XIe siècle, nous voulons signaler à nos lecteurs, quelques-uns des monumens qui se trouvent fort près d'eux et qui remontent à cette date, tels que le chœur d'Avesnières (1) et ses collatéraux, l'église de Saint-Martin, et sa belle porte.

Les fréquens pèlerinages à Jérusalem, l'activité du commerce de l'Italie avec l'Orient, et surtout les croisades favorisèrent le développement de l'architecture. On vit alors paraître beaucoup d'ornemens nouveaux; les quatre-feuilles, les entrelacs, les trèfles, vinrent prendre place à côté des lozanges, des zigzags, des frêtes etc. (2). Alors les façades devinrent plus élegantes et plus gracieuses, et l'on construisit les quelques églises rondes que possède la France; ce sont des imitations du Saint-Sépulcre.

(1) Nous le croyons de la fin du XIe siècle, car il offre des ogives primitives que nous nommerons *accidentelles* puisqu'elles sont antérieures à l'apparition du *style ogival*. Un chapiteau derrière le chœur offre pour ornement des fleurs de lys, nous pensons que ce cas est assez rare pour le faire remarquer.

(2) On conçoit parfaitement que nous ne pouvons enregistrer tous les ornemens qui appartiennent aux diverses époques, nous nous contentons d'indiquer les plus souvent employés.

Jusqu'à la fin du XIe siècle, on ne rendit les figures que d'une manière hideuse et incorrecte. Encore étaient-elles en demi-relief, car la statuaire était presque oubliée en Occident (1); l'aspect des monumens religieux fut donc tout-à-fait changé par les statues d'une certaine correction que produisit le XIIe siècle; alors on couvrit les archivoltes, les voussures et les tympans, de personnages et de bas-reliefs : on sculpta des figures de grandes proportions, on en tapissa les façades des édifices et les parois des portes.

Ces statues sont revêtues de tuniques, recouvertes d'un manteau, qui laisse voir de riches étoffes. Le costume, la longueur du buste et une grande roideur suffisent pour les faire distinguer de celles qui appartiennent aux deux siècles suivans. Partout on retrouve les mêmes visages, et les mêmes habits reproduits avec un scrupule religieux. Etait-ce chez les artistes dévotion qui se refusait à s'éloigner des formes consacrées par l'usage ? ou bien leur imagination était-elle impuissante à se frayer une route nouvelle ?

(1) Il y avait peu de temps qu'elle s'était relevée même en Orient. Les ravages des barbares et le vandalisme des Iconoclastes lui avaient porté de rudes coups. Les derniers surtout avaient détruit toutes les belles statues réunies à Bysance par Constantin et ses successeurs, et l'empereur Théophile, fils de Michel-le-Bègue, monté sur le trône en 829, avait conçu un si grand acharnement contre les arts, qu'il prenait tous les moyens pour les anéantir. Il fit souffrir de longs tourmens à un moine convaincu de s'adonner à la peinture. Après l'expiration de sa peine, l'artiste reprit ses pinceaux ; pour cette fois l'empereur lui fit attacher aux doigts des lames de fer rougies au feu. Cette lutte des empereurs contre les arts dura près d'un siècle et demi, puis enfin ce long duel de la force brutale contre le génie, se termina par le triomphe des artistes.

Au XIIe siècle on dissimula la longueur du fût des colonnes, par des anneaux qui semblaient destinés à les assujétir. Dès la première moitié de ce siècle, tous les angles saillans se couvrirent de violettes et d'étoiles, les chapiteaux portèrent d'élégans feuillages, les fenêtres prirent une plus grande dimension, surtout celle posée au-dessus de la principale porte; celles qui étaient rondes et qui ne dataient que du siècle précédent devinrent si vastes, qu'il fallut les diviser par des meneaux qui, partant du centre, rayonnaient vers la circonférence; on leur donna le nom de rose, peu après cette époque. De ce moment, leurs places furent marquées aux extrémités des transepts, au-dessus de la porte principale, et quelquefois au centre de l'abside ou du chevet (1).

La peinture à fresque et sur verre, fit aussi quelques progrès, mais les belles verrières ne datent que de la première moitié du XIIIe siècle, elles sont rares auparavant. Il existait pourtant à Saint-Denis, quelques vitraux du temps de Suger (de 1121 à 1152). Les premiers verres peints sont petits, opaques et foncés en couleur, les plombs sont ronds et très-épais.

Quoique l'on rencontre dès les dernières années du XIe siècle des ogives, ou arcs en tiers point, à côté des cintres,

(1) Partie qui termine le chœur d'une église, et qui est ordinairement arrondie, ce qui lui fait souvent donner le nom de *rond-point*.

ce n'est pourtant que dans la deuxième moitié du XIIe siècle, que l'ogive détrône le plein cintre, et constitue l'un des caractères distinctifs d'une architecture nouvelle : jusqu'à cette époque on doit la regarder dans les édifices religieux en France, *comme un accident ou un caprice.*

SECONDE PARTIE.

CHAPITRE PREMIER.

Du style Ogival.

Pendant longtemps on employa l'épithète de *gothique* (1), pour qualifier l'architecture qui s'éloignait des principes transmis par les Romains; cette désignation pouvait faire croire que le nouveau style nous venait des Goths, tandis que tout le monde sait que ces barbares, qui se ruèrent sur l'Italie au ve siècle, avaient disparu depuis longtemps, quand l'ogive se montra dans l'Occcident, et que, d'ailleurs, ils n'eurent jamais une architecture qui leur fût propre.

Les savans ne sont point d'accord sur les lieux où l'ogive prit naissance. Dans cette petite note élémentaire, nous ne citerons que les deux opinions qui réunissent le plus grand

(1) M. de Caumont le premier a fait justice du mot gothique, et l'a remplacé par celui d'ogival.

nombre de suffrages : les uns prétendent que les croisés la rapportèrent d'Orient, d'autres soutiennent qu'elle prit naissance en Occident, et qu'elle y fut découverte par ceux qui enlacèrent des cintres. Nous renvoyons les hommes qui voudront approfondir cette question aux travaux d'Aberdeen, Haggit, Milner, etc.

MM. le Normant et de Caumont pensent que l'ogive est venue d'Orient; leurs raisons nous semblent trop concluantes pour que nous puissions nous défendre de les adopter.

La voix de Pierre l'Hermite à la fin du XIe siècle (1) retentit dans toute l'Europe; les cœurs généreux battirent à la noble pensée d'arracher le tombeau du Christ des mains des infidèles, et les croisés prirent en foule le chemin de la Palestine. De retour dans leurs foyers, épris de la beauté des monumens de l'Orient, ou conservant peut-être l'espoir de perpétuer la mémoire de leur saint pèlerinage, ils voulurent faire quelques emprunts aux édifices qu'ils venaient d'admirer.

Que l'on partage ou que l'on rejette l'opinion que nous avons adoptée, on est au moins obligé de convenir que ce fut vers l'époque des croisades, que l'on vit paraître l'ogive

(1) Godefroy de Bouillon qui commandait les croisés, partit le 15 août 1096 sous Philippe premier.

dans l'Occident. Au reste, elle ne tarda pas à s'y perfectionner; bientôt elle y prit cette légèreté merveilleuse, qui, dans la dernière moitié du XIIIe siècle, lui fit atteindre son apogée.

Dès le XIIe siècle, tous ceux qui possédaient de grandes richesses, et qui, par tiédeur, n'avaient pas suivi Godefroy de Bouillon, s'empressèrent de racheter ce qu'ils regardaient comme l'omission d'un devoir, par des dons considérables, destinés à rebâtir ou augmenter les églises qui devenaient insuffisantes, car beaucoup de celles qui avaient été construites en bois avant le XIe siècle, commençaient à tomber en ruines. Ce paroxisme religieux qui avait entraîné tant d'hommes vers la Terre-Sainte, inspirait un zèle indicible pour multiplier les édifices voués au culte. Le nouveau style paraissait donc dans les circonstances les plus favorables; les architectes d'ailleurs partageaient l'enthousiasme général pour tout ce qui venait de la Palestine, puis encore leur intérêt personnel, mobile puissant à toutes les époques, les poussait à l'adoption de l'arc en tiers-point, innovation qui, tout en donnant plus d'élégance à leurs ouvrages, promettait plus de solidité, et offrait une grande économie dans les matériaux (1).

(1) La plus grande partie des architectes appartenaient aux ordres religieux, et suivaient ordinairement les rois dans leurs voyages à l'étranger; ils pouvaient donc appliquer ce qu'ils venaient de voir aux monumens dont ils avaient la direction.

L'architecture romane ne fut pas abandonnée tout-à-coup dans l'étendue entière de la France; certaines contrées durent sans doute se refuser aux innovations, et continuèrent vraisemblablement à copier les vieux édifices. Le style ogival régnait déjà sans partage dans quelques localités, que le plein-cintre n'en conservait pas moins sur d'autres points des partisans nombreux.

Quoique l'on retrouve les mêmes caractères généraux depuis la moitié du XIIe siècle jusqu'au XIVe siècle, il est pourtant facile de suivre les progrès de l'art durant cette longue période. Jusqu'au XIIIe siècle, le nouveau genre d'architecture garde quelque chose de lourd et de massif, qui lui donne un air de famille avec le rival qu'il s'efforce de remplacer, mais au milieu du XIIIe siècle, il acquiert cette perfection que la main de l'homme ne peut plus dépasser. Le chœur des églises d'alors devint plus long, on ne disposa plus aussi les pierres en arrêtes de poisson; elles furent employées plus grandes et non échantillonnées.

Chapitre II.

Des Arcs-boutans.

Les artistes de ce siècle tentèrent un essai qui semblait téméraire, mais qui fut pourtant justifié par le succès. Ils lancèrent des arcs-boutans, qui, s'appuyant sur les contreforts des collatéraux, allèrent consolider les murs du grand comble. Jusqu'alors on avait ignoré le moyen de donner de la solidité au sommet des édifices, et les arcs qui soutenaient les murs de la nef principale, demeuraient cachés sous les toits des ailes.

Les contreforts grandirent aussi beaucoup et s'élevèrent comme des tours au-dessus de la toiture des ailes ; ils furent couronnés de clochetons, qui portèrent des frontons tantôt aigus, tantôt en pyramides, et tout le pied droit fut souvent décoré de niches ornées de colonnettes ou de statues. On ménagea dans l'intérieur des arcs-boutans des conduits pour l'écoulement des eaux pluviales, qui furent rejetées loin des murs par des gouttières que l'on nomma gargouilles.

Les contreforts présentent une forme carrée ; ils sont divisés en plusieurs étages par des corniches, leur saillie diminue à mesure qu'ils s'élèvent.

CHAPITRE III.

Des Ornemens.

Les ornemens que l'on rencontre le plus souvent sont les quatre-feuilles, les trèfles ; les violettes sont bien plus nombreuses que dans les monumens à plein-cintre.

On voit aussi beaucoup de rosaces, de fleurons, de guirlandes, de feuillages, et des crochets ou feuilles recourbées en volutes; ils sont plus éloignés les uns des autres que dans le siècle suivant.

Les murs furent aussi ornés de fausses arcades toujours en tiers-point; on rencontre des trèfles et des rosaces dans les intervalles compris entre les sommets. On ne peut confondre les pinacles avec les clochetons, à cause de leur peu d'élévation, mais ils leur ressemblent beaucoup. Ils ne parurent en grand nombre que dans le XIVe siècle.

Les dais sont des espèces de couronnes, comme on en peut remarquer un certain nombre sous le beau porche de Saint-Vénérand dont nous ferons plus tard une description; ils ne tiennent que d'un côté à la muraille, dans laquelle ils sont engagés; on posa sur face les dais et les pinacles pendant le XIIIe siècle.

On retrouve encore à cette époque les dents de scie. Cet ornement qui date du XIe siècle se maintint pendant le XIIe comme on peut en voir un exemple autour des vastes ogives de la Trinité qui encadrent des cintres géminés, dans les murs de la nef et qui appartiennent à cette époque. Les bas-reliefs ont moins de roideur, les personnages le plus souvent sont taillés dans la pierre; pourtant quelquefois il arrive que les parties les plus saillantes ont été rapportées et fixées au moyen de crampons de fer. La sculpture polychrôme dominait au XIIe siècle. Les yeux des statues étaient en verre de couleur, les doigts démesurément longs, les draperies roides et collantes, et les formes humaines étaient si mal rendues, qu'on ne comprend pas que les mêmes artistes aient si bien représenté les étoffes, les feuillages et les broderies.

A mesure que la statuaire fait des progrès, un peuple de statues envahit les niches des contreforts, et les arcades nombreuses qui forment des galeries à la partie supérieure des façades.

On retrouve dans le XIIIe siècle les modillons souvent en forme de dents de scie, ils remplacèrent les figures grimaçantes dès le XIIe siècle. On voit aussi des feuillages dans les entablemens, ils se nomment pour cette raison entablés.

Chapitre IV.

Des Rampes ou Balustrades.

Dès la fin du siècle qui précède celui que nous étudions, on avait couronné les corniches de rampes en pierre; à l'époque ou nous sommes arrivés, presque toujours ces balustrades terminent les murs principaux à l'extérieur.

A l'intérieur, on voit quelquefois trois rangs de balustrades, le premier au-dessus des chapelles, le second surmonte les bas-côtés et le troisième règne autour du grand comble; quand il n'en existe que deux rangs, c'est toujours celui des bas-côtés qui disparaît. Ce sont des arcs en ogive, ou des arcs trilobés qui supportent ordinairement les balustrades.

CHAPITRE V.

Des Colonnes.

Les colonnes sont d'une hauteur et d'une hardiesse remarquables. Réunies en faisceau, elles recouvrent les pilastres, et ne laissent guère voir que les trois quarts de leur circonférence, quelquefois elles s'élancent d'un seul jet jusqu'au sommet des murs, ou elles reçoivent les arçeaux des voûtes; souvent elles sont divisées en plusieurs ordres, superposés les uns aux autres sans traces d'entablement, la base de l'ordre supérieur reposant sur le chapiteau des colonnes qui sont au-dessous. Les supports qui composent ordinairement le premier ordre montrent des chapiteaux ornés de feuilles de vigne ou de feuillage roulé en volute, ils ont quelque chose de corinthien.

CHAPITRE VI.

Des Ogives primitives.

Les ogives primitives ressemblent assez à un fer de lance, on leur donna à cause de cette forme le nom de lancettes (1).

(1) Nous engageons ceux qui veulent voir des ogives en lancettes, à faire un petit voyage aux landes de la Croix-Bataille. Les fenêtres de la chapelle Saint-Joseph sont une imitation des ogives du XIIIe siècle.

Les premières fenêtres ogivales sont quelquefois entourées de zigzags, ou de dents de scie, l'on en rencontre aussi sans aucun ornement. Elles ne se trouvent guère isolées que dans les églises de campagne ; le plus souvent elles sont encadrées deux à deux dans un arc en tiers-point de plus grande dimension ; alors entre le sommet des lancettes géminées, on trouve presque toujours un trèfle ou une rosace.

Chapitre VII.

De l'absence de l'Apside dans quelques églises.

Il y a des édifices qui sont privés d'apside, et qui se terminent par un mur droit tel que les Cordeliers (1) ; quand ces constructions appartiennent au XIIIe siècle, on rencontre toujours au chevet une grande ogive flanquée de deux plus petites.

On employa aussi les ogives trilobées à la formation des roses.

Chapitre VIII.

Des Galeries.

A l'intérieur, on rencontre parfois trois étages de galeries, assez souvent celui qui règne au milieu est obscur ; ces étage

(1) Ils ont été fondés en 1396, mais nous les prenons pour exemple de construction religieuse terminée sans rond-point.

sont remplacés dans quelques églises par une simple balustrade. C'est toujours le pourtour du chœur qui offre les décorations les plus élégantes ; là se pressent les ogives encadrées deux à deux, trois à trois, et même quatre à quatre, dans un arc d'un plus grand diamètre. A toutes les époques, on réservait toujours pour cette partie des églises, un grand nombre d'ornemens. Voyez le pourtour du chœur d'Avesnières, qui est, comme nous l'avons dit, de la fin du XIe siècle. Les chapiteaux du premier ordre sont ornés d'oiseaux fantastiques qui déchirent des lambeaux de têtes humaines. Les arcades en tiers-point que j'appellerai acccidentelles (parce qu'elles sont antérieures à la première époque du style ogival), sont au-dessous d'arcs à plein-cintre qui sont bouchés. Une guirlande de pommes de pin règne entre les deux étages. Les fausses arcades sont décorées de colonnes. Un troisième rang d'arcs ouverts cintrés termine la décoration du chœur, un cordon de billettes vient s'attacher à la hauteur des chapiteaux des colonnes.

Chapitre IX.

De la suppression des cryptes et de la position des portes et de leurs décorations,

A dater du XIIIe siècle, on voit disparaître les cryptes ou confessions dont nous avons parlé au commencement de notre premier article.

Les portes sont tapissées de colonnes et de statues; des festons à jour pendent des archivoltes dans les façades; les portes sont ordinairement au nombre de trois. Celles qui furent ouvertes dans les côtés, le furent toujours depuis le XIIe siècle à l'extrémité des bras de la croix formée par le transept; auparavant elles étaient pratiquées dans les murs de la nef et du chœur; souvent les portes des transepts sont protégées par un porche décoré de moulures et de statues.

CHAPITRE X.

Des voûtes.

Les artistes du XIIIe siècle savaient former des voûtes d'une légèreté merveilleuse, à plus de cent pieds d'élévation. Ils les faisaient pour ainsi dire voler d'un mur à l'autre, et beaucoup sont encore parfaitement conservées, bien qu'elles n'aient guère plus de six pouces d'épaisseur.

Les clés de voûte d'abord nulles commencèrent au XIIe siècle par une petite rosette, qui, au XIIIe siècle, devint un disque d'assez grande dimension. A dater de cette époque on ne peignit plus que les chapiteaux, les nervures, et les clés de voûte. (1)

(1) Ce n'est qu'à la fin du XIVe siècle, en 1390, que des artistes liégeois découvrirent que les couleurs se mêlaient mieux avec l'huile. Auparavant on n'employait pour peindre que la colle ou de l'eau d'œuf. Au reste, il est prouvé que la sculpture n'est pas faite pour être coloriée, et que le faire, c'est remonter à l'enfance de l'Art.

Chapitre XI.

Des Galeries extérieures et des tours.

On rencontre presque toujours des galeries à l'extérieur, elles commencent à la base du fronton triangulaire qui supporte le toit. Les tours déjà assez élevées vers le XIe siècle, grandirent dans les deux siècles suivans : au XIIIe surtout, elles devinrent des pyramides élancées percées de fenêtres, longues et étroites, elles sont souvent terminées par des flèches octogones : un grand nombre inachevées s'arrêtent où la pyramide eût dû commencer, alors elles sont couronnées d'une plate-forme. La position des tours reste la même que dans les siècles précédens, une de chaque côté du grand portail, une troisième au centre du transept. On en flanqua aussi quelquefois les portes ouvertes aux extrémités des bras de la croix, elles étaient isolées sur trois faces, et percées d'ouvertures sans vitres; on en plaça encore à droite et à gauche du chœur, à peu près où commence la courbure du rond-point : la plupart n'ont pas été achevées et ne dépassent point les toits. Quand il n'y a pas de tours aux places que nous venons de signaler, elles sont remplacées par des clochetons d'une plus grande dimension que les autres. Nous citons à l'appui de ce que nous avançons, les deux énormes clochetons que l'on voit de la rue des Curés, ils remplacent les tours qui devaient flanquer le grand portail de la Trinité. Il est certain que l'entrée principale de cette église était du côté que nous indiquons : le petit jardin de la maison adossée contre la Trinité, n'est qu'un reste de la terrasse qui devait y conduire, n'en déplaise à M. Mérimée. Ce savant archéologue, n'ayant que quelques momens à consacrer à notre ville, n'a pas pris le temps nécessaire pour remarquer la grande porte cintrée qui a été bouchée en 1750; car il n'eût pas alors avancé que dès le XIIe siècle l'entrée principale se trouvait du côté oriental. Il eût ainsi facilement expliqué cette apside à l'opposite du chœur qu'il cite comme un cas fort rare, car il eût vu que ce petit enfoncement où se trouvent les fonds baptismaux, a été ménagé dans la muraille lorsque le grand portail fut condamné.

Chapitre XII.

Des clochetons ; de la noble simplicité des ouvrages du XIIIe *siècle et des intentions des architectes.*

La plupart des clochetons sont percés sur toutes leurs faces d'ouvertures en forme de lancettes, ils sont habituellement terminés par des pyramides à quatre ou huit angles. Le grand nombre d'églises de cette époque, que nos lecteurs pourront rencontrer, nous a fait un devoir d'entrer dans plus de détails, en parlant du style ogival des deux premiers siècles, qu'en faisant l'histoire de l'époque romane, dont il nous reste si peu de monumens. Il faut recueillir des preuves nombreuses avant de se décider à classer parmi les constructions romanes primitives ou secondaires, les édifices que l'on rencontre, quelque vieux qu'ils puissent paraître au premier coup d'œil : car nous le répétons, il ne nous reste presque rien des premiers siècles de l'établissement du christianisme en France.

Après avoir promptement atteint son plus haut degré de perfection, la nouvelle architecture ne tarda pas à voir altérer la pureté et l'harmonie de ses lignes. Dès la fin du XIVe siècle, elles commença à perdre de sa beauté. Qu'il nous soit donc permis, avant de quitter la belle époque de l'art, de faire une petite halte ; car nous éprouvons le sentiment pénible qui agite le voyageur quand il jette un dernier regard sur une merveille qu'il ne reverra plus.

Quelles heureuses proportions dans ces monumens du XIIIe siècle ? quelle patience il a fallu pour ensemencer de découpures et de broderies ces murailles d'une si effrayante hardiesse ? pour entreprendre et achever ces tapisseries de pierres, travaillées comme des malines ? Si vous visitez les églises de Chartres, d'Amiens, de Coutances, etc, dès votre entrée, tout vous avertit que vous êtes dans la demeure de celui dont la voix se faisait entendre au milieu des tonnerres ; on est terrassé ; on sent ses genoux fléchir, tandis que l'âme s'élance vers le ciel avec ces voûtes gigantesques, et que le jour mystérieux que laissent passer les vitraux achève d'engendrer ce respect mêlé de crainte et d'amour, que l'homme doit toujours ressentir en présence de son Dieu.

A l'extérieur, l'œil n'est pas moins étonné, par ces forêts de tours, de clochetons et de pinacles, et cètte profusion d'arcs-boutans et d'ornemens de toute espèce.

Une pensée religieuse se trouve presque toujours au fond de toutes les inventions des artistes de cette époque. L'ogive triangulaire rappelle les trois puissances; les fenêtres disposées deux à deux et couronnées d'une rosace, les deux ogives encadrées dans une troisième d'un plus grand diamètre, et les trois portes qui s'ouvrent dans la façade principale, sont autant d'hommages rendus à la Trinité. Souvent encore le chœur n'a pas le même axe que la nef : les architectes voulaient ainsi exprimer la flexion de la tête de Jésus expirant.

Les tours et les clochetons qui montent vers le ciel, y emportent nos pensées. Les chapelles qui sont si souvent au nombre de sept, rappellent au chrétien les sept sacremens, les sept jours de la création, ou les sept péchés qu'il doit surtout tâcher d'éviter.

Chapitre XIII.

Du zèle des chrétiens.

Le style ogival fut accueilli avec un tel enthousiasme, que l'on alla jusqu'à détruire des édifices à plein cintre encore fort solides, pour les rebâtir suivant l'architecture nouvelle. Nous, chrétiens si tièdes, uous avons de la peine à comprendre ces temps de foi et de ferveur, où les populations se levaient comme un seul homme pour venir traîner les matériaux qui devaient servir à la construction des églises, et pour réclamer leur part des travaux les plus pénibles. C'était à qui contribuerait le plus de sa bourse et de sa personne; les travailleurs affluaient de toutes parts, les uns espérant par cette pénitence racheter leurs péchés, les autres se proposant seulement de gagner les indulgences que les abbés et les évêques accordaient toujours en semblables circonstances. N'était-il pas touchant de voir les puissans de la terre, s'atteler à côté du pauvre serf, et tirer des chariots pesamment chargés (1)? C'était encore la religion du Christ qui rétablissait pour quelques instans cette égalité que l'Homme-Dieu était venu proclamer sur la terre du haut de cette croix dont les branches devinrent un niveau sous lequel toutes les têtes s'élevèrent à la même hauteur. Au milieu de toute cette multitude de travailleurs, on ne cessait d'observer un silence solennel : aussi les moindres ordres des chefs ou des architectes étaient entendus et s'accomplissaient comme par miracle.

La force de tout ce peuple de manœuvres, centuplée par l'exaltation religieuse, était un instrument puissant dans la main des maîtres, qui, par le moindre geste, pouvaient faire agir dix mille hommes comme un seul.

(1) Quelquefois au nombre de plusieurs mille.

Pour être admis dans ces pieuses confréries dont la première s'organisa pour travailler à la cathédrale de Chartres, il fallait s'être réconcilié avec ses frères et son Dieu.

Dans les momens de repos, chacun s'accusait hautement de ses péchés, et les déplorait avec un cœur brisé ; alors les moines, les abbés, ou les évêques qui se trouvaient souvent mêlés aux ouvriers, se hâtaient de mettre à profit les bons sentimens des pécheurs, ils réconciliaient les ennemis, obtenaient des restitutions, ou faisaient réparer les injustices ; si quelqu'un refusait de céder aux sollicitations des ecclésiastiques, regardé comme indigne de travailler au temple du seigneur, il était dételé sur-le-champ et chassé de la compagnie. Le soir on allumait des cierges nombreux autour des chariots et des églises en construction, alors des milliers de voix psalmodiaient des litanies ou faisaient entendre des hymnes d'allégresse.

CHAPITRE XIV.

Des francs-macons.

Dès le XIIe siècle, les maçons et les tailleurs de pierres se réunirent en troupe pour parcourir l'Europe ; les uns sculptaient les chapitaux des colonnes, tandis que les autres exécutaient des bas-reliefs et des statues. Au reste d'après M. de Caumont, les règles de ces sociétés différaient beaucoup de celles des francs-maçons qui, plus tard, se formèrent sur les bords du Rhin (1).

Les artistes d'alors transmettaient oralement à leurs élèves les secrets de leur art qui est mort avec eux : aussi ne rencontre-t-on aucun traité de leur manière de construire. L'individualité si envahissante et si exclusive de notre époque égoïste était encore entièrement inconnue : c'est tout au plus si nous connaissons quelques-uns des noms de ceux qui nous ont légué ces admirables monumens qui couvrent le sol de notre belle patrie. Dans ces cathédrales, véritables rochers taillés à facettes, on est souvent surpris de l'unité du plan ; rarement il fut cependant l'ouvrage d'un seul. Les artistes qui vivaient pour la plupart dans les cloîtres étaient si remplis d'abnégation, qu'ils ne voulaient pas même avoir une pensée qui leur appartînt en propre, ils savaient s'effacer entièrement devant leur société, s'y incruster et s'y fondre ; ils n'oubliaient jamais que tout ce qu'ils étaient, comme tout ce qu'ils pouvaient, devait toute leur vie

(1) Les francs-maçons suivaient les missionnaires envoyés par le pape, ils avaient des lettres de créance et des bulles qui leur assuraient le monopole ; les Grecs et les Romains étaient très nombreux dans leurs rangs. Jaloux de diriger les travaux de leurs églises, des ecclésiastiques se firent souvent recevoir membres des sociétés maçoniques. Obligés d'aller à des rendez-vous très-éloignés, les francs-maçons passèrent entre eux un contrat par lequel ils se rendaient tous les services possibles ; ils se reconnaissaient au moyen de signes. Comme le pape et après lui les rois les avaient affranchis de toutes taxes, on les appella Francs-Maçons.

demeurer en commun, et la pensée de l'un d'eux se perfectionnait souvent par le génie de tous.

Chapitre XV.

Du XIVe *siècle.*

Pendant le XIVe siècle, il n'y eut pas de grands changemens dans l'architecture; voici pourtant quelques additions que nous croyons devoir mentionner.

On ajouta de chaque côté de la nef un rang de chapelles, et l'on consacra toujours à la vierge celle qui se trouva derrière le grand-autel; elle devint beaucoup plus vaste que les autres. Cette disposition se rencontre quelquefois avant le XIVe siècle, mais depuis elle existe toujours.

Les statuaires voulurent montrer trop de hardiesse, ils tombèrent dans les formes minces et grêles. Leurs ouvrages s'écartèrent du vrai, ils devinrent maniérés; on se méprit sur le but de l'art; on fit passer avant tout l'adresse manuelle : ce fut un véritable concours de tours de force. Les ornemens restent à peu-près les mêmes; les trèfles et les rosaces couvrent les murailles au dehors comme à l'intérieur. Les quatre-feuilles d'un grand diamètre sont souvent compris dans des cercles. On commence à remarquer les crochets sur le couronnement des arcades simulées. Les pinacles, nés dans le siècle dernier, sont plus hardis et se montrent en plus grand nombre, ils se terminent par des aiguilles hérissées de crochets et semblables à celles qui surmontent certains contreforts. Les dais deviennent plus ouvragés, ils portent des pinacles très-ornés. Les crochets beaucoup plus rapprochés rappellent assez les feuilles recourbées. Les petites arcades ogivales ou trilobées, qui formaient les balustrades durant le XIIIe siècle sont souvent remplacées par des rosaces ou des quatre-feuilles encadrées. Les fenêtres devinrent plus larges et furent divisées par des colonnettes qui furent portées jusqu'au nombre de six, elles forment des compartimens surmontés d'un nombre égal de trèfles, de rosaces ou de quatre-feuilles.

Les roses offrent des divisions plus nombreuses. Les tympans des portes ordinairement terminés par des frontons en triangles, sont souvent à jour; on y voit des bas-reliefs, des rosaces, des trèfles ou des quatre-feuilles, ils sont ornés de crochets.

Les tours ont à la base de la pyramide qui les surmonte, un trottoir avec une rampe ; les clochetons n'en offrent pas ; c'est un des caractères qui les distinguent des tours, qui au reste ont toujours des proportions beaucoup plus grandes.

Chapitre XVI.

Du XVe *siècle.*

Au XVe siècle, la forme des églises ne changea pas, les ornemens s'amaigrirent encore ; voici ceux qui furent altérés :

Dans les trois siècles précédens, les feuilles étaient rondes, dans celui-ci elles devinrent pointues; celles qui se trouvent dans les entablemens sont des feuilles de chardon ou de chou frisé.

Les crochets ressemblent à des bouquets de feuillages.

On appliqua sur les murailles des pinacles simulés, ils furent garnis de crochets.

Les dais furent couronnés de pyramides très-compliquées, on en voit une imitation au-dessus des panneaux du porche de Saint-Vénérand.

Vers la fin du XVe siècle, on appliqua contre les murs de petites arcades à trois lobes; on les établissait les unes au-dessus des autres, elles encadraient certaines parties des murailles et comme cet ornement rappelait les boiseries, on lui donna le nom de panneau (1).

Les festons qui pendaient isolés au XIIIe siècle, furent réunis en guirlandes; on en voit de très-élégantes aux voussures des portes et des fenêtres.

Les figures des bas-reliefs devinrent bizarres et les statues prirent des proportions très-maigres.

(1) On en voit quelques-uns placés au-dessus de la porte de Saint-Michel.

Les contreforts qui conservèrent leurs niches, virent enrichir leurs faces de pinacles simulés ; quand leur sommet offre des clochetons, ils sont octogones, et chacune de leurs faces se termine près du toit, par une aiguille ou par un fronton aigu, hérissé de crochets.

On voit des portes s'ouvrir dans un encadrement carré, elles sont souvent flanquées de pilastres, divisés en panneaux, portant des aiguilles ou des pinacles. Au-dessous de l'ouverture principale, on rencontre presque toujours une espèce de fronton en pyramide, qui se termine à son sommet par un petit support pour placer une statue, il est presque toujours garni de crochets (1).

D'autres portes offrent une accolade horizontale au lieu d'une ogive ; les antiquaires anglais appellent cet arc déprimé : *arc Tudor*. Nous sommes obligés d'adopter cette désignation, car nous ignorons le nom sous lequel les archéologues français en font mention, nous ne pensons pas qu'ils le connaissent sous un autre.

On ne rencontre l'arc Tudor qu'à la fin du xve siècle, il est ainsi nommé parce qu'il fut employé sous les rois de cette famille.

(1) On en peut voir un exemple à Saint-Michel.

Les fenêtres, les balustrades et les roses montrent un ornement nouveau, ayant quelque rapport avec la flamme. Cette ressemblance a fait donner à l'architecture de cette époque le nom de *flamboyante;* la Trinité en offre des exemples du côté de la rue *Trouvée.*

Les fenêtres devinrent plus larges et moins hautes, les archivoltes sont souvent ornées de guirlandes de feuilles frisées.

Les nervures remplacèrent les colonnes groupées qui avaient commencé par devenir d'une maigreur extrême, et avaient fini par disparaître; on ne rencontre plus de chapiteaux (1), il n'y a plus que des moulures dont la base est tourmentée. Les nervures se perdent dans les piliers.

Les clés de voûtes, qui, au XIVe siècle, étaient des cylindres plus ou moins pendans, devinrent dans celui-ci des roues en cul-de-lampe.

Les dais et les pinacles qui se posaient toujours sur face au XIIIe siècle, furent placés sur les angles aux XIVe et XVe siècles.

Les arceaux des voûtes devenues plus en saillie, se ramifièrent à la fin du XVe siècle.

(1) La Bretagne conserva jusqu'au XVIe siècle les chapiteaux des colonnes, bien qu'ils ne se rencontrent plus dès le XVe siècle dans les édifices de la France centrale.

Les tours carrées ou octogones furent plus basses et plus ornées, elles ont souvent une plate-forme à leur sommet : on en voit aussi de flanquées par d'énormes contreforts.

Les clochetons montrent des tourelles à huit angles, sans ouvertures sur les côtés ; les faces portent des panneaux simulés ; les aiguilles n'ont pas de cavités intérieures et sont garnies de crochets. Au XVe siècle, il n'y a plus pour ainsi dire d'architectes, ils sont devenus décorateurs.

CHAPITRE XVII.

Première moitié du XVIe siècle.

Le XVIe siècle, dans sa première moitié, offre à peu près les mêmes caractères que la fin du XVe. Les murailles sont couvertes des ornemens que nous connaissons, dais, pinacles, arabesques, ceps de vigne, etc., etc. ; les colonnes et les entablemens achevèrent de disparaître sous des multitudes de filets et de nervures (1). Le temps des vastes constructions était passé, les artistes avaient du loisir pour corriger et revoir leurs ouvrages, aussi toutes les sculptures et ciselures de cette époque sont-elles d'une belle exécution (2) et soigneusement refouillées.

(1) On peut citer comme exemple les chapelles qui sont derrière le chœur de la Trinité.

(2) Nous mentionnerons parmi les ouvrages qui appartiennent à la première moitié du XVIe siècle, le clocher d'Avesnières.

Les rampes des balustrades de la première moitié du XVIe siècle rappellent un peu les feuilles de fougères.

Les fenêtres sont tantôt larges et obtuses, tantôt elles se terminent tout-à-coup en pointe, en s'arrondissant sur les deux autres angles; elles ressemblent beaucoup alors aux fenêtres mauresques.

On rencontre quelques voûtes dont les arceaux se ramifient et présentent des culs-de-lampes ou des pendentifs, au point de réunion des traverses; nous pouvons citer pour exemple les voûtes des chapelles du Sacré-Cœur et de Saint-Joseph à la Trinité.

Les clés de voûte au XVIe siècle devinrent une énorme rouelle taillée en couronne ou bien en chou monstrueux.

Alors, on cherche en vain la hardiesse des voûtes des premiers temps du style ogival : non seulement leurs proportions gigantesques ont disparu, mais encore elles se rapprochent du sol par les culs-de-lampes, dont nous avons déjà parlé, qui imitent les cristallisations que l'on rencontre dans quelques cavernes, et qui sont le résultat de l'évaporation des eaux saturées de chaux. On éprouve une certaine crainte en passant sous ces énormes stalagmites toujours menaçantes.

Les tours sont aussi ordinairement déprimées, quelques-unes ont des arcs-boutans qui rattachent les clochetons à la pyramide; on rencontre quelques clochers en bois dans lesquels on voit de nombreux jours ménagés; ils sont souvent revêtus de plomb.

Chapitre XVIII.

De la Renaissance.

Les monumens construits sous le règne de François Ier, c'est-à-dire de 1515 à 1547, offrent souvent sur les modillons ou même dans d'autres parties des salamandres. Tout le monde sait que le père des lettres avait pris cet animal pour emblême.

Presque toutes les églises avaient été dévastées ou du moins endommagées pendant nos longues guerres avec l'Angleterre, aussi ne trouve-t-on pas d'édifices religieux qui n'aient été plus ou moins réparés dans la seconde moitié du xve siècle. Aussitôt que Charles VII eût recouvré son royaume, on commença à déblayer les ruines, à rebâtir les parties détruites, à retoucher celles qui avaient souffert. Tous ces travaux se continuèrent sous les règnes de Louis XI et de Charles VIII. C'est à Louis XII que la plupart des auteurs font remonter l'époque de la deuxième renaissance. (Nous employons à dessein le mot *seconde*, car il ne faut pas perdre de vue que l'on avait aussi donné le nom de renaissance à l'époque qui suivit le moment de terreur qui se répandit au xe siècle).

Résumons-nous; le XIIe siècle offre l'enfance du style ogival qui, se dégageant de ses langes, acquiert tout-à-coup dans le XIIIe siècle toute sa virilité ; il se maintient pendant le XIVe siècle, puis tombe et vieillit durant le XVe, et meurt enfin dans la première moitié du XVIe siècle, remplacé par le plein-cintre après un règne de quatre cents ans.

Les esprits, qui, au XIIe siècle avaient été entraînés par la fermentation des idées religieuses vers tout ce qui venait d'Orient, éprouvèrent dès la fin du XVe siècle (1) un entraînement irrésistible pour tout ce qui venait des Grecs ou des Romains. Dans la deuxième moitié du XVIe siècle, cette impulsion fit retourner aux formes classiques. C'est à cette ère nouvelle que l'on a donné le nom de *renaissance*, mot employé surtout par ceux qui regardaient la période ogivale

(1) D'ailleurs, les artistes voyageurs venaient d'admirer les décorations du Vatican : l'ouvrage de Raphaël les engagea à produire aussi beaucoup d'arabesques ; les palais en furent inondés. Si nous avions eu alors des peintres, on ne les eût pas sculptés avant de les colorier, ce qui leur fait perdre toute légèreté.

Mais comme les arabesques devinrent à la mode pour les palais et les châteaux, dès le commencement du XVe siècle, et qu'il se trouvait peu ou point de peintres à cette époque, il fallut bien avoir recours à ce moyen.

On ne connaît point de peintres du temps de Charles V. Cet art, rélégué dans les cloîtres, était uniquement réservé à l'ornement des livres de piété ; nos plus anciens tableaux datent du règne de Charles VI, ils sont de Gringonneur, l'inventeur des cartes à jouer suivant quelques-uns. D'autres prétendent que les cartes sont bien antérieures. Ce qu'il y a de certain, c'est que l'on voit dans une vieille charte que Jacquemin Gringonneur reçut en 1392 cinquante-six sous parisis pour trois jeux de cartes.

comme un instant d'aberration, et qui cherchaient à la flétrir en la marquant de l'épithète injurieuse de *gothique :* ils disaient hautement que l'on revenait à la vérité, que l'on rouvrait enfin les yeux à la lumière.

Le plein-cintre ne se montra pas simple et sévère, comme à son arrivée dans les Gaules; il reparut habillé de tous les ornemens du style ogival de la dernière époque, couvert en quelque sorte des dépouilles de son ennemi vaincu.

Au reste, l'ancienne architecture fut encore souvent employée, même dans la deuxième moitié du XVIe siècle, pour les monumens religieux, mais elle disparut complètement des édifices publics ou particuliers.

Charles VIII et Louis XII qui avaient tous deux fait la guerre en Italie, en avaient ramené des artistes; ils préparèrent la grande révolution dans les arts, qui s'accomplit sous François Ier; ce prince qui avait su s'attacher Primatice et Léonard de Vinci, accorda sa protection à la peinture et à la sculpture. Avant lui, l'école Française n'existait pas; elle fut créée par Jean Cousin. Déjà depuis longtemps l'Italie possédait une école florissante, et Albert Durer avait fondé celle de l'Allemagne.

Voici les nouveaux caractères architectoniques.

Les fenêtres, les portes et les arcades sont cintrées. On

voit des arabesques (1), des rinceaux (2) et beaucoup d'autres moulures. On trouve souvent aussi des têtes en demi-relief au milieu de médaillons.

Les pilastres et les chambranles remplacent les contreforts.

Les proportions des colonnes deviennent plus correctes, les nervures disparaissent quelquefois pour leur faire place.

On voit dans les entablemens des frises, des architraves ; on y remarque aussi quelques corniches. Les culs-de-lampes et les pendentifs des voûtes qui sont cintrées sont d'un travail remarquable.

Les clochetons sont remplacés par des pyramides en forme de candelabres, comme on en peut voir plusieurs terminant un contre-fort du côté de la rue de la Trinité.

Sous le règne d'Henri II (3), la nouvelle architecture

(1) Ouvrages ainsi nommés parce qu'ils viennent des Arabes qui adoptaien ces ornemens chimériques, à défaut des représentations d'hommes et d'animaux que leur religion leur défendait d'employer.

(2) *Rinceaux*, espèces de branches formées de grandes feuilles naturelles ou imaginaires et refendues comme l'acanthe et le persil avec fleurons, roses, boutons et graines.

(3) Mort en 1559.

commença à négliger les ornemens du style ogival ; ils finirent par être entièrement abandonnés sous les règnes suivans, après avoir donné naissance par leur union à un grand nombres de monumens hermaphrodites qui n'en sont pas moins pourvus d'une certaine beauté. C'est avec Henri IV que finit la renaissance, car ce ne fut qu'au commencement du XVIIe siècle que le style mixte disparut, et que l'architecture se montra dans sa simplicité primitive; mais elle reparut lourde comme on en peut voir un exemple dans le portail du transept de la Trinité. On voit alors des frontons brisés, des colonnes à renflemens; les modillons sont immédiatement sous les corniches et les cartouches (1) sont pesans.

Nous allons terminer cette petite note par la description du porche magnifique de Saint-Vénérand, non seulement parce qu'il porte la date de 1594, mais aussi parce qu'il réunit beaucoup d'ornemens que nous avons eu souvent occasion de mentionner.

Guy XV de Laval commença à faire bâtir Saint-Vénérand en 1493; il paraît donc qu'il fallut un siècle pour la construction de cette église (2).

(1) *Cartouches*, ornement représentant un carton roulé et tortillé par les bords.

(2) Nous savons au reste que les travaux furent longtemps suspendus, car la chapelle qui est derrière le chœur fut terminée dès 1565.

La porte s'ouvre dans un carré, le tympan est vaste et nu; le fronton, garni d'énormes crochets, est surmonté d'un bouquet de feuillages, il offre plusieurs voussures qui sont ornées de cordes à différens nœuds, et de petits disques ouverts au milieu; l'arc qui le termine a quelque chose de mauresque, il est déprimé et s'arrondit sur les angles.

Trois dais ornés de festons se trouvent au bas de plusieurs fausses arcades mauresques empanachées de feuillages, et séparées par de petits pilastres terminés par des aiguilles portant des crochets élégans. Entre les arcades, les intervalles sont décorés de fausses fenêtres ogivales, réunies deux et deux, dans un arc d'un plus grand diamètre, et séparées à leur sommet par des quatre-feuilles et des roses. Trois autres dais encadrent les arcades; ils sont couronnés de pyramides qui offrent de charmans petits modèles de cathédrales de la belle époque de la période ogivale. On peut très-bien distinguer les galeries, les deux étages d'arcs-boutans, les contre-forts, les aiguilles et les clochetons; ils sont tous les trois surmontés de fleurons ou panaches de feuilles frisées; celui du milieu porte une rose à son chevet.

Deux pilastres carrés encadrent le portail; ils supportent quatre colonnettes. Les deux premières en spirale servent elles-même d'appui aux deux autres qui sont couvertes de chevilles; elles sont coiffées par deux dais qui paraissent avoir porté des statues. Un vaste intervalle les sépare de deux autres dais terminés en pyramides, portant des aiguilles, des festons, des clochetons et un clocher. Une vaste rose domine toutes ces décorations et s'élève presque jusqu'au sommet de la voûte.

La porte est protégée par un portique fort élevé, formé par deux énormes contre-forts divisés au tiers de leur hauteur par une petite corniche. Ils sont réunis vers leur sommet par une voûte cintrée, dont le plafond est divisé en compartimens nombreux, remplis d'ornemens divers.

Les contre-forts portent à leur sommet d'énormes corniches, sur lesquelles reposent deux pilastres qui soutiennent une architrave. Les modillons montrent des feuilles légèrement recourbées, ils soutiennent un vaste fronton triangulaire très-orné, au milieu duquel s'ouvre un œil-de-bœuf. Le sommet et les deux extrémités du triangle portent un ornement pyramidal qui rappelle assez des urnes funéraires. Un des côtés de la porte est flanqué d'une tour élégante; elle est percée de plusieurs ouvertures sans vitres, elle s'élève plus haut que le portail; elle se termine par une élégante coupole supportée par des pilastres qui garnissent presque tout l'intervalle qui règne d'une fenêtre à l'autre, une délicieuse petite lanterne dont les nombreuses ouvertures sont ornées de colonnes, occupe le sommet de la tour, lui formant une couronne légère. L'édifice porte la date de 1556.

On ne peut se défendre d'éprouver un grand étonnement en retrouvant tous les ornemens du style ogival, sous le portique de Saint-Vénérand, tandis qu'ils ont tous disparu dans le portail de la Trinité qui est pourtant de quatre années antérieur à celui que nous venons de décrire.

Un instant, nous avions eu l'intention de faire entrer dans notre petite notice la description de tous les monumens de la Mayenne, mais sachant qu'un savant antiquaire de notre cité s'occupait d'un travail consciencieux sur les monumens de notre département, nous n'avons pas voulu déflorer son ouvrage. Nous verrons si nous pourrons glaner après la récolte abondante qu'il va faire.

En arrêtant ici notre plume, nous serions bien heureux de penser que nos efforts pussent être de quelque utilité à nos concitoyens, et qu'ils pussent nous acquitter un peu de la reconnaissance que nous avons contractée envers la ville qui a bien voulu nous recevoir au nombre de ses enfans.

NOTE

SUR LES PIERRES TOMBALES.

ESSAI

DE CLASSIFICATION CHRONOLOGIQUE

DES

PIERRES TOMBALES.

Chapitre Premier.

Des Tombeaux sous les deux premières races.

Pendant les premiers siècles de la monarchie française, on n'enterrait dans les églises que les rois, les grands seigneurs, le haut clergé ou ceux qui étaient morts en odeur de sainteté. Alors les tombeaux ne portaient aucune inscription extérieure, rien au-dehors n'annonçait les titres ou dignités de ceux qu'ils renfermaient ; c'était une précaution contre les violateurs de sépulture qui n'en exerçaient pas moins leur infâme métier malgré les lois sévères rendues souvent contre eux ; il faut avouer que les richesses enfouies dans les tombeaux étaient bien capables d'exciter au plus haut degré la cupidité sacrilège de ces chacals humains. Nous pouvons nous en faire une idée en jetant un coup-d'œil sur la liste des objets enterrés avec Charlemagne. Il fut descendu dans son caveau, assis sur un trône d'or; ses habits impériaux recouvraient un cilice; son épée était à son côté, une large chaîne d'or formait son diadème, un globe de même métal était dans une de ses mains; l'autre reposait sur l'évangile; son sceptre d'or et son bouclier étaient devant lui attachés à la muraille.

Le tombeau de Childéric, ouvert à Tournay en 1653, fournit encore une nouvelle preuve à l'appui de ce que nous avançons.

Cet usage nous paraît un reste de la superstition des Gaulois qui enterraient avec leurs morts des objets précieux et ce qu'ils avaient le plus chéri (1).

(1) Ils étaient persuadés que les âmes, en attendant leur rentrée dans de nouveaux corps, restaient rassemblées dans un même lieu, conversaient entre elles, se faisaient payer par leurs débiteurs et jouissaient de tous les biens enterrés dans leurs cérémonies funèbres.

Les Égyptiens mettaient aussi près de leurs morts les animaux objets de leur culte, ils pensaient qu'ils pourraient préserver les mânes des mauvais génies qui rôdaient autour d'eux pour les troubler. De nos jours, quand les Nègres perdent quelqu'un des leurs, ils mettent avec lui dans la terre leurs fétiches les plus révérés.

La même superstition semble se retrouver au fond des croyances de tous les peuples.

Les seuls tombeaux dont l'extérieur fut richement décoré appartenaient aux saints bien et dûment reconnus pour tels ; la crainte du courroux céleste les mettait à l'abri de toute profanation. Nous citerons parmi ces monumens celui qui fut élevé à saint Germain, évêque de Paris, par saint Eloy, trésorier de Dagobert Ier.

Ce n'est guère qu'en pratiquant des fouilles, en faisant exécuter des démolitions, que l'on rencontre des sépultures de l'époque de la première race.

Toutes les pierres tumulaires qui portent extérieurement des inscriptions ne peuvent remonter au-delà de la période carlovingienne, et ce ne fut que sous la troisième race, vers le règne de Philippe Ier, que l'on commença à placer sur les tombeaux les figures en relief de ceux qu'ils renfermaient.

Quelques personnes se rappellent peut-être avoir vu à Saint-Denis des statues sur les tombes des descendans de Charlemagne ; elles ne furent exécutées que par les soins de Louis IX, qui voulut réunir tous ses prédécesseurs dans cette église quand il l'eut terminée.

En 1793, on put se convaincre que ces monumens n'étaient que des cénotaphes, lorsque la Convention, refusant à nos rois quelques feuilles de plomb, vint disputer aux vers ce qui restait de leurs cadavres, et fit jeter dans la fosse commune Charles VII et Louis XIV.

Dès le XIIe siècle, les sépultures dans les églises se multiplièrent tellement que les ecclésiastiques s'en plaignirent. Beleth dit positivement que l'on ne devait enterrer dans la maison du Seigneur que ceux qui sont présumés saints; il ajoute que cependant on ne réserve pas même pour eux les places auprès de l'autel.

Ces représentations, souvent reproduites, furent sans doute cause que, dans la deuxième moitié du XIIe siècle et pendant le XIIIe, on plaça un grand nombre de tombeaux hors des églises à l'entrée dans le parvis ; cet usage était constaté sur le tombeau des Vergy à Cîteaux.

Ce ne fut qu'à la fin du XIIIe siècle qu'on abandonna l'usage de placer dans les tombes de l'eau bénite, pour chasser le démon, de l'encens et de l'aloès pour prévenir la corruption, et du charbon qui devait par sa présence avertir que le terrain avait été consacré par une sépulture.

On trouve jusqu'au XVIe siècle des monumens funèbres coloriés. Nous avons déjà flétri cette déplorable manie qui avait été empruntée à l'Egypte (voyez l'histoire de l'*Art*, par Winckelman) (1).

(1) Quelques auteurs prétendent que la peinture prit naissance dans la Grèce; cependant Diodore de Sicile rapporte que Sémiramis avait fait peindre des figures d'animaux sur le pont de Babylone; le même auteur parle aussi des statues qui décoraient cette ville.

Chapitre II.

Moyen de connaître l'âge des Tombeaux.

Les pierres tombales montrent le plus souvent la date de l'époque où elles furent élevées. Lorsque le temps ou les mutilations ont rendu les chiffres illisibles, le meilleur moyen de connaître approximativement leur âge, est de bien examiner les ornemens des tombeaux et de leur appliquer ce que nous avons dit de l'architecture religieuse.

Il faut aussi étudier avec soin les vêtemens ; souvent ils peuvent être d'un grand secours pour la classification chronologique. Nous exceptons les monumens qui appartiennent au clergé, car les habits monastiques ont traversé les siècles sans souffrir de changemens ; ce sont les vêtemens civils des temps où les différens ordres religieux ont été fondés ; nous pensons aussi que l'on peut tirer bon parti de l'absence ou de la présence de la barbe si le mort est un adulte.

Les Egyptiens n'avaient que de légères notions de peinture, témoin les dessins des Bandelettes et des Coffres de leurs momies.

Bularchus, Polygnotus et Mycon, furent les premiers peintres connus de la Grèce, mais ce ne fut, dit Pline, que sous le règne d'Alexandre que la peinture prit une forme raisonnée. Avant cette époque, on ne formait que des traits avec une couleur égale.

Cléophante de Corinthe inventa la peinture monocrome ou camaïeux, huit cent quarante ans avant Jésus-Christ.

Quintillien prétend que ce fut Apollodore et Zeuxis qui, les premiers, distribuèrent dans leurs tableaux l'ombre et la lumière.

CHAPITRE III.

Des Tombeaux des évêques et des moines.

Les évêques et les abbés sont toujours représentés avec les insignes de leurs dignités. Les chanoines avec leurs surplis, leurs bonnets carrés et leurs aumusses ; les abbés avec leur mitre et la crosse tournée à gauche ; les évêques avec leurs grandes chappes, tenant la crosse de la main gauche et semblant donner la bénédiction de la droite ; les prêtres et les simples religieux sont recouverts d'une pierre portant une inscription. Quand le mort s'était rendu coupable d'homicide pour sa propre défense ou pour celle de l'église, on plaçait sur sa tombe des platines de métal, pour montrer qu'il avait été homme de guerre ou de fer.

Ce fut toujours avec horreur que l'église vit répandre le sang et la seule menace de la punition qu'elle imposait aux meurtriers enfanta peut-être souvent des martyrs.

Le chapitre de Cambrai se montra bien sévère à l'égard d'un de ses membres. Nous ne connaissons pas la date précise du fait que nous rapportons, mais nous le citons à l'appui de ce que nous avons avancé.

Le jour de la Pentecôte, après avoir parcouru les rues de la ville, la procession revenait vers la cathédrale ; déjà les cloches annonçaient son retour, et leur voix d'airain, comme une basse puissante, soutenait les hymnes des fidèles. Le ciel était sans nuages, des oiseaux nombreux décrivant mille courbes gracieuses dans les airs semblaient en quelque sorte s'unir à la cérémonie, et rendre hommage au créateur de l'univers. Tout-à-coup un pigeon qui planait au-dessus de la foule, saisi peut-être de vertige, ferma à demi ses puissantes ailes et se laissa tomber en tournoyant sur la tête chauve d'un canonier (1). Le vieillard chassa vivement l'oiseau qui, après avoir voltigé quelques instans, revint encore occuper sa première place. Le chanoine furieux saisit le pigeon, le déchira de ses mains et le broya sous ses pieds ; il fut réprimandé en plein chapitre, et condamné à porter sur sa tombe un pilier de laiton, pour avoir tué pendant la procession l'oiseau symbole de l'esprit saint.

Chapitre IV.

Des Tombeaux des gens d'armes.

Les rois et les princes étaient toujours représentés couverts de toutes leurs armes, mais les simples chevaliers n'étaient figurés armés de toutes pièces et couverts de leurs cottes d'armes, que lorsqu'ils avaient perdu la vie au service de leur suzerain ; quand ils mouraient tranquillement dans leur lit,

(1) Nom donné longtemps aux chanoines.

leur cotte d'armes était desceinte, la tête était sans casque ; ils ne portaient pas d'épée.

Dans une bataille, ceux qui mouraient du côté des vainqueurs étaient représentés l'épée nue à la main, l'écu au bras gauche, le heaume en tête, la visière abattue, la cotte d'armes ceinte sur les armes.

Ceux qui succombaient du côté des vaincus étaient sans cottes d'armes, l'épée dans le fourreau, la visière levée, les mains jointes.

Quelques chevaliers ont au côté des fourreaux sans épées, ils ne portent alors jamais d'éperons; ils n'ont ni heaume ni cottes d'armes, ils sont morts en prison ou sans avoir pu payer leur rançon. Le plus souvent des grilles placées sur le tombeau rappellent la triste fin de celui qu'il renferme.

On voit aussi quelques pierres tombales, où de jeunes enfans sont représentés armés de toutes pièces, posant la tête sur un heaume en guise d'oreiller, elles appartiennent aux fils des gouverneurs de ville ou de commandans d'armées venus au monde dans des cités assiégées ou au milieu des camps.

Les pierres qui recouvrent les guerriers morts en religion se divisent en deux parties ; dans la supérieure, ils sont vêtus de l'habit de leur ordre; dans celle de dessous, ils sont armés de toutes pièces.

CHAPITRE V.

Des Oblats.

On voit encore des statues ayant des cordes (1) passées autour du cou, des pièces de monnaies sur la tête et un large collier. Ces monumens appartiennent aux oblats qui se donnaient corps et biens à l'église ; on figurait souvent sur leur tombeau la cérémonie par laquelle ils s'offraient; ils étaient enterrés avec le collier de cuivre qu'ils portaient toute leur vie.

On aperçoit aussi au bras de certaines statues comme à celles qui sont à Price (2), de petites boîtes qui indiquent que le mort a été inhumé avec des reliques : elles étaient toujours attachées au bras droit avec une courroie. Nous avons vu plusieurs boucles de cuivre qui provenaient de cet usage. Ces petits reliquaires contenaient souvent des débris de coquilles rapportées de pèlerinages célèbres et quelquefois de la Terre-Sainte.

(1) C'étaient celles des cloches des églises.

(2) Près Laval.

CHAPITRE VI.

De l'histoire sommaire des costumes.

Comme nous avons dit que l'on devait examiner les vêtemens avec soin pour classer les pierres tumulaires quand les inscriptions étaient illisibles, nous allons entrer dans quelques détails sur les habits civils et militaires. Au reste, nous renvoyons à l'histoire des costumes les lecteurs qui voudront approfondir ce sujet qui demanderait des volumes pour être traité d'une manière consciencieuse.

Les hommes, destinés à la guerre, sentirent de bonne heure la nécessité de diminuer les chances de mort et de se mettre à l'abri sous des vêtemens de métal. Dès le temps de Charlemagne, les gens d'armes étaient couverts de fer, car le moine de Saint-Gal dit que ce prince portait un casque, une cuirasse, des manches de maille en forme de brassarts, des cuissarts de lames de fer et des bottes de même métal : il ajoute que les guerriers qui l'accompagnaient étaient vêtus de même, excepté les cuissarts.

Quand Charlemagne quittait son armure, il portait en hiver un pourpoint de peau de loutre sur une tunique de laine avec un simple bordé de soie, il mettait sur ses épaules un sayon bleu et sa chaussure se composait de bandes de diverses couleurs croisées les unes sur les autres. Son manteau était fort long. Ses voyages en Italie altérèrent cette simplicité.

Sous Philippe Ier, les croisés étaient déjà couverts de draps d'or et d'argent quand ils entrèrent à Constantinople.

Jusqu'à Philippe II, les habits que l'on portait à la guerre restèrent courts et serrés. On les recouvrait d'une espèce de draperie qui s'attachait sur l'épaule droite; ce surtout ressemblait à la chlamyde grecque.

Les costumes changèrent au retour des croisades. Les habits de ville se composèrent d'une longue tunique avec une ceinture. On porta par dessus un long manteau un peu ouvert par devant, assujéti par une laçure ou par une courroie. Les femmes étaient vêtues comme les hommes; seulement elles portaient une guimpe ou voile qu'elles posaient sur la tête et qu'elles laissaient flotter sur les épaules. L'habit des moines rappelle le costume de cette époque.

L'écuyer (1) était vêtu comme le chevalier à l'exception du haubert, des manches et des chausses de mailles. Ce

(1) Ce titre était le même que celui de valet, mais il n'avait pas du tout la signification que nous lui donnons aujourd'hui. A sept ans, tous les enfans nobles étaient envoyés dans les châteaux des grands seigneurs, pour apprendre le métier des armes. Chaque manoir était une petite imitation de la cour. Comme les rois distribuaient les emplois à leurs parens, les seigneurs suivirent

n'était guère qu'à vingt-et-un ans passés que l'on ceignait le haubert (1). Cette pièce de l'armure ne disparut qu'en 1350.

Sous Philippe-le-Bel, les vêtemens de ville se composaient d'une longue robe traînante et d'un capuchon comme les moines; les religieux ne se distinguaient des laïques que par la couleur, le peuple seul et les habitans des campagnes portaient des habits courts.

cet exemple; l'amour-propre des uns et des autres y trouva son compte, car les uns avaient les mêmes officiers que les souverains, les autres possédaient les mêmes charges que les alliés des rois.

A quatorze ans, le page devenait écuyer; son père et sa mère tenant un cierge allumé le présentaient à l'autel; le prêtre célébrant bénissait une épée et une ceinture et les attachait au côté du jeune homme qui commençait alors à les porter.

Les écuyers dressaient et enlevaient les tables, conduisaient les étrangers à leurs chambres, avaient soin des armes et des chevaux; ils conduisaient en laisse les coursiers de haute taille. Comme ils les tenaient toujours à leur droite, on donna à ces animaux le nom de destriers. Ils les donnaient aux chevaliers dans les momens de péril, ou quand ils voyaient l'ennemi, c'était ce que l'on appelait *monter sur ses grands chevaux*.

La veille des tournois, les écuyers s'exerçaient avec des armes légères; ceux qui se distinguaient dans ces luttes étaient faits chevaliers, et pouvaient entrer le lendemain en lice.

Ce titre qui paraît si modeste de nos jours où ils sont tous au pillage a été porté par les hommes les plus distingués. Alexis, fils de l'empereur Isaac, s'en trouva honoré et les enfans de Philippe-le-Bel s'en qualifièrent en 1313.

Guy de Lusignan fut valet du comte de Poitiers. Le titre de valet resta aux écuyers tranchans du roi. (On peut consulter sur la matière que nous effleurons le vingtième volume des *Mémoires de l'Académie.*) Nous n'avons pu nous empêcher d'entrer dans quelques détails sur les écuyers, parce que nous connaissons l'idée fausse que beaucoup de gens s'en forment, ils doivent, malgré tous les services pénibles auxquels ils étaient obligés, être regardés comme chevaliers surnuméraires.

(1) Arme défensive contre la lance.

Les premiers souliers étaient faits de cordes (d'où vint le mot cordonnier), ils étaient presque ronds par le bout; la pointe se releva sous Philippe-Auguste; sous Philippe-le-Bel, elle s'accrut prodigieusement et devint plus ou moins longue suivant le rang des personnes, elle avait deux pieds pour les princes et les grands seigneurs, un pied pour les riches et un demi seulement pour ceux qui étaient moins bien traités par la fortune (1).

Cet usage ridicule ne fut aboli que sous Charles V.

Les évêques excommunièrent cette chaussure que l'on appelait *à la poulaine*, ils la traitèrent de péché contre nature, et la déclarèrent inventée en dérision du créateur. Sous Charles VI, les souliers prirent un bec de canne; puis les chaussures à bec sous François Ier devinrent de larges babouches carrées.

Sous Charles VII, l'habit de ville consistait en une espèce de camisole attachée avec des aiguillettes à des hauts de chausses fort serrés; on s'élargissait la poitrine avec des épaules artificielles.

Sous François Ier, les Italiens qui abondèrent en France introduisirent sur le simple pantalon en usage sous Louis XII

(1) De là vint le mot *se mettre sur un bon pied.*

un retroussi plissé assez semblable à ceux des saltimbanques que nous voyons sur nos places ; on appela ce vêtement *trousse*. Le manteau ne tomba plus qu'aux jarretières, la subreveste comme la trousse prit aussi des bouffettes d'une autre couleur que l'étoffe qui la formait. La mode obligea de taillader les pourpoints et les culottes ; les manches devinrent plissées et renflées vers l'épaule.

En temps de paix, les Français portèrent longtemps le chaperon ; c'était un bonnet qui se terminait par une longue queue. Celui des gens sans titres était étroit, pointu et sans fourrures ; en été il était plus léger, on l'appelait alors chapel ou chapelet.

Au chaperon on joignit une coiffure en linge qu'on appela cornette, les dames retinrent les cornettes quand les chaperons passèrent de mode ; la plus grande marque de respect qu'on pût donner à une personne était de baisser son chaperon devant elle.

A la fin du XIVe siècle, le mortier remplaça le chaperon. Cette nouvelle coiffure était de velours, mais comme elle ne pouvait convenir à tout le monde, on fit des bonnets d'étoffe ou de tricot. Sous Charles VI, on y ajouta des bords ou visières ; sous Charles VII, les chapeaux furent inventés ; ils étaient pointus pour la plupart. Sous Louis XII, on reprit le mortier ; sous François Ier le chapeau revint en faveur et fut bientôt remplacé par la toque.

Nous avons vu la manière dont Charlemagne et ses compagnons étaient couverts à la guerre ; sous la troisième race on ajouta une cotte de maille par dessus la cuirasse ; sous François Ier les gens d'armes furent bardés de fer de la tête aux pieds ; les divisions de leur armure se rapportaient aux articulations, les diverses pièces étaient clouées avec justesse et pouvaient jouer au moyen de charnières. Les chevaux étaient aussi couverts de fer, leur front était armé d'une longue pointe qui souvent devint très-dangereuse dans les combats. Mais bientôt les armes à feu perfectionnées ne tardèrent pas à rendre les armures inutiles (1).

Nous ne pouvons entrer dans les détails qui concernent les vêtemens de chaque règne ; nous nous contentons d'indiquer les principaux changemens. Nous allons maintenant tracer en quelques mots l'histoire de la barbe, puisque, comme nous l'avons dit, elle peut servir à faire découvrir l'âge des pierres tombales.

Chapitre VII.

Histoire de la barbe.

En 540, le concile de Barcelone, convaincu que la barbe

(1) Ce ne fut qu'à la fin du XVe siècle que l'artillerie devint d'un usage facile. Bien que l'on connût depuis longtemps les canons, on ne les employait qu'avec de grandes difficultés. Ce fut en 1414, au siège de Compiègne, que l'on vit les premiers ; ils se composaient de feuilles de tôle plissées et cerclées en fer, ils allaient s'évasant depuis la culasse jusqu'à la bouche ; les bombes inventées en 1588 ne furent employées en France qu'en 1634.

ajoutait à la beauté de l'homme, certain d'ailleurs que Jésus-Christ ne la coupait point, décida par son troisième canon que les prêtres à l'avenir ne pourraient se raser. Léon III ne tint aucun compte de la décision du concile et et se fit couper la barbe ; tout le clergé latin vers 800 avait suivi son exemple.

Les crimes de Jean XII l'ayant fait déposer en 963, il laissa croître sa barbe pour se montrer plus strict observateur des règles que ses devanciers ; il voulut même obliger les prêtres à l'imiter, mais dans un concile tenu à Limoges en 1031, il fut arrêté que l'on pourrait porter ou couper la barbe à volonté.

Grégoire VII, en 1073, fit tenir un autre concile où il fut défendu aux clercs de porter à l'avenir la barbe longue.

Le jour de Pâques 1105, Serlon d'Albon, évêque de Séez, prêcha longuement contre la barbe devant Henri Ier, roi d'Angleterre ; en descendant de chaire, il eut la satisfaction de voir que ses paroles avaient fructifié, et il coupa lui-même avec des ciseaux la barbe du roi d'Albion et de bon nombre de ses auditeurs.

Plus d'un demi-siècle plus tard, Pierre Lombard, évêque de Paris, alla trouver Louis le Jeune, lui reprocha d'avoir fait brûler dans l'église de Vitry, un grand nombre de champenois et l'engagea en punition de sa faute à se laisser couper la barbe. Le saint évêque eut l'honneur de raser Louis de sa propre main; jusqu'alors tous nos rois avaient porté la barbe longue, la cour et la ville se hâtèrent de suivre l'exemple de Louis VII.

Sous Philippe de Valois, un petit nombre d'hommes essayèrent en vain de ramener la barbe à la mode. Ce ne fut que sous François Ier qu'elle reparut; ce prince étant à Romorantin attaquait la maison du comte de Saint-Paul avec des pelottes de neige; les assiégés, en se défendant, lancèrent un tison qui atteignit le prince à la tête; pour faire panser sa blessure, il fut obligé de se faire couper les cheveux. Comme il avait le front très-beau, il ne les laissa plus repousser, mais en revanche il porta la barbe longue. Son exemple entraîna la France. Cette mode régna jusqu'au temps de Louis XIII où l'on coupa peu à peu la barbe, on finit même par se faire raser les cheveux pour avoir le plaisir de porter perruque.

Chapitre VIII.

Conclusion.

Si les statues que l'on rencontre sur les tombeaux offrent de la barbe, quand les monumens appartiennent au style roman, on peut dire avec certitude qu'ils datent de la première moitié du XIIe siècle, puisque ce fut en 1145 que Louis VII fut rasé.

Les statues qui ne montrent pas de barbe doivent être classées de 1150 à 1521. Dans ce long laps de temps, il faut d'abord se rappeler que les pierres tombales se rétrécirent vers les pieds jusqu'au XIIIe siècle ; puis les costumes feront trouver approximativement l'âge des monumens, ainsi que les ornemens architectoniques qui appartiennent à chaque siècle.

Les statues qui portent de la barbe et qui sont placées sur des tombeaux décorés dans le style de la renaissance, sont évidemment de 1521 (époque où François Ier cessa de se raser), au règne de Louis XIII.

Arrivé à cette date, il est très-facile de pouvoir classer les pierres tombales. Le 28 mai 1765 intervint l'arrêt du parlement qui défendit d'enterrer dans les églises et dans l'intérieur des villes.

Chapitre IX.

Exemples appliqués à chaque siècle.

XIIe SIÈCLE.

Les premières figures en relief que l'on rencontre sur les tombeaux appartiennent au XIIe siècle. Nous avons déjà signalé les défauts des statues de cette époque ; ils peuvent même servir à la classification, il faut donc se rappeler le collant des draperies, la roideur extrême des personnages, leurs doigts d'une longueur démesurée, etc. Les hommes marquans de cette époque sont souvent représentés vêtus d'une tunique retenue par une ceinture; assez ordinairement ils ont une main nue, l'autre gantée porte un faucon, marque du droit de chasse. Les éperons ne sont que des espèces de poinçons enfoncés dans le talon du soulier; les tombeaux vont se rétrécissant de la tête aux pieds.

XIIIe SIÈCLE.

Le commencement du XIIIe siècle offre un certain nombre de pierres tumulaires conservant la même largeur dans toute leur étendue. Les figures des statues sont d'une largeur démesurée comme on peut s'en convaincre en examinant celles qui sont à Price (1). Les statues alors sont toujours sans barbe; elles sont couchées sur le dos, ont les mains jointes : le plus souvent les femmes portent un bonnet rond, ou une espèce de voile ou guimpe jeté sur la tête et retombant sur les épaules; elles sont couvertes d'un long surcot, et d'une cotte hardie (2). Un énorme man-

(1) La statue de femme porte un voile ou guimpe; la roche du chevalier est attahcée avec une agrafe, ils ont des reliquaires au bras.

(2) Ample robe.

teau recouvre le tout, le plus souvent une aumônière pend à la ceinture.

Les écuyers ont la tête couverte d'un chaperon on capuchon de maille, dont la partie inférieure recouvre la gorge, et qui pour cette raison s'appelait gorgerin; leurs éperons sont des cercles de fer passés sur la chaussure, armés de pointes acérées et garnis d'un anneau pour les empêcher d'enfoncer; les écuyers les portaient blancs, les chevaliers, dorés.

La cotte d'armes recouvre le haubert du chevalier qui porte un casque au lieu du capuchon de maille.

Les écuyers sont souvent représentés tenant une pique d'une main et appuyant l'autre sur la hanche.

XIVe SIÈCLE.

Les tombeaux du XIVe siècle sont ornés de statues d'un travail plus achevé; on en voit quelques-unes se composant de pierres noires et blanches, formant des espèces de mosaïque.

Les têtes de femmes sont souvent couvertes d'uu voile à mentonnière, ou d'un bonnet en pointe, on y voit toujours le surcot, la cotte hardie et le long manteau. Les oblates sont toujours coiffées d'un béguin; leur voile est levé, elles sont vêtues d'une tunique. Quelques chevaliers ont la tête nue, mais le plus grand nombre, quand ils sont armés de toutes pièces, portent un casque très-uni ou plus communément une toque semblable à celle des valets de nos jeux de carte.

Quand un baudrier soutient une épée, et qu'une ceinture d'honneur vient s'attacher au bas des hanches, on peut assurer que cet ornement appartient au milieu du XIVe siècle.

De 1328 à 1350, un petit nombre de statues offrent de la barbe. On se rappelle sans doute que nous avons dit que sous le règne de Philippe de Valois, quelques hommes avaient voulu en ramener la mode.

Dès l'époque où nous sommes arrivés, on enterrait dans les églises les ouvriers, car Millin parle d'un couvreur qui fut inhumé à Saint-Yves avec sa femme, dans la dernière moitié du XIVe siècle. Il dit que leurs souliers étaient attachés avec des courroies, que le mari était représenté tête nue, que sa tunique était extrêmement courte, et que la femme avait une longue robe à manches étroites et à taille serrée; il ajoute même que sa coiffe était de toile.

XVe SIÈCLE.

Au XVe siècle les vêtemens des femmes ne subissent pas

de grands changemens : le coqueluchon (1) tient encore au manteau, qui recouvre toujours le surcot et la cotte hardie, cette dernière est souvent blasonnée des pièces de l'écusson de la morte, et de celui de son mari. Les surcots sont toujours en riches étoffes, et souvent en brocard; on doit se rappeler l'engoûment des artistes du xve siècle pour les broderies.

Les cottes-hardies ont des manches pendantes, d'autres robes ont des espèces de corsets qui dessinent toutes les formes. Les manches sont quelquefois serrées et montrent de gros boutons, le coqueluchon du manteau enveloppe souvent la tête : on le trouve aussi remplacé par une simple guimpe, mais les dames de haute qualité portent des escophions en cœur, qui laissent voir les oreilles, ou cette coiffure appelée *hennin*, contre laquelle prêcha le frère Thomas Conecte, et qui reparut sous Louis XIV, sous le patronage de madame de Fontanges dont elle porta le nom.

Les chevaliers ont des gantelets de lames de fer mobile ; ils portent la miséricorde à droite, l'épée à gauche; leur armure est toujours complète. Ils ont la cotte de maille et la cotte d'armes, qui est assez ordinairement blasonnée des pièces de leur écu; la toque remplace plus communément le

(1) Nous avons vu des coqueluchons aux pelisses des femmes, il y quelques années.

casque. On voit aussi un grand nombre de dais placés au-dessus des têtes des statues. On rencontre dans ce siècle des tuniques blasonnées en guise de cotte d'armes et des sacs de fer entre les cuissarts. On remarque un plus grand nombre de têtes nues que dans les siècles précédens, quelquefois de petites fraises retombent sur les cuirasses.

Les magistrats sont toujours représentés en longue robe avec un capuchon ; ils ont ordinairement la tête nue.

Les hommes de loi ont une robe à collet montant, une ceinture de cuir et le chaperon (1) sur l'épaule ; ils sont coiffés d'une calotte. Au XVe siècle, les statues mi-partie noires et blanches devinrent plus communes ; il en existe une de cette époque à la Chapelle-Rainsouin.

XVIe SIÈCLE.

Jusqu'au XVIe siècle les formes humaines étaient rarement rendues d'une manière correcte. Les statues ne se détachaient point de la pierre sur laquelle elles étaient couchées ; elles y tenaient par de gros oreillers et d'énormes draperies, mais à l'époque où nous arrivons de grands ar-

(1) Il dura jusqu'à Charles VII sous le règne duquel il était à queue. Les docteurs et les bacheliers le gardèrent comme marque de leurs degrés et le firent descendre de la tête sur l'épaule.

tistes se révélèrent ; les Pilon (1), les Goügeon (2) et les élèves de ces grands maîtres donnèrent de l'essor à la statuaire. Alors on vit quelques belles statues dans l'attitude de la prière, ayant l'air d'implorer le pardon de leurs fautes, elles sont à genoux devant un prie-dieu pour la plupart. Leurs mains sont jointes. Les statues de femmes qui sont couchées, portent encore souvent des manteaux à coqueluchon avec mentonnière; le corps des robes est serré, les manches sont étroites vers le bas et très-amples vers l'épaule ; une corde forme la ceinture; les fichus sont montans et se terminent par des fraises qui couvrent le cou, les toques à l'espagnole sont les coiffures que l'on rencontre le plus souvent.

Quand les manches sont semblables à celles des hospitalières, on les appelle sabots à la dévote ; la coiffe alors est toujours le béguin.

Dans la dernière moitié du XVIe siècle, les robes sont busquées, elles ont de fausses hanches énormes; les collerettes montantes sont quelquefois remplacées par des fraises à gros tuyaux. Depuis le XIIIe siècle on rencontre des chiens

(1) Germain Pilon, né à six lieues du Mans, auteur présumé de plusieurs statues de Solesmes, mort à Paris en 1590.

(2) Jean Gougeon, de Paris, tué au Louvre sur son échafaud, le jour de la Saint-Barthélemi.

sous les pieds des femmes, c'est l'emblême de la fidélité : toute châtelaine y avait de grandes prétentions malgré les remords que pouvaient lui léguer en partant certains beaux pages.

Les lions qui servaient de supports aux pieds des chevaliers rappelaient la force et la puissance.

Quelques hommes sont aussi représentés à genoux devant des prie-dieu ; la plupart ont la tête nue, les cheveux courts. La barbe est toujours longue, nous en avons vu des exemples dès 1509, quoiqu'elle ne devint à la mode qu'en 1521.

On trouve encore beaucoup de chevaliers couchés sur leurs tombeaux : ils sont armés de toutes pièces, souvent avec l'épée, ils ont des pertuisanes dont le fer ressemble aux haches d'armes.

XVIIe SIÈCLE.

Les statues du XVIIe siècle sont presque toutes dans l'attitude du recueillement et de la prière ; elles ont la tête nue, les mains jointes et sont à genoux. Les tombeaux de la même époque offrent aussi souvent des bustes dans des médaillons.

Nous finissons ici nos observations sur les pierres tombales. Nous sommes arrivés à une date si rapprochée de celle où parut l'arrêt du parlement de Paris que nous pensons que personne ne peut éprouver d'embarras pour classer les pierres tombales que nous omettons.

Nous ne saurions trop répéter qu'il faut surtout tenir un compte exact de la décoration des tombeaux. Ne perdons pas de vue que chaque siècle a des ornemens qui lui sont particuliers.

Les statues du XIIe siècle sont incorrectes; le XIIIe siècle montre de plus belles proportions, et surtout une grande hardiesse dans l'exécution des détails.

Les ornemens du XVe siècle deviennent grêles et maniérés.

Le XVe siècle est surtout prodigue de détails, c'est le règne des broderies et de toutes les décorations si parfaitement fouillées.

Les belles statues sont du XVIe, on en rencontre alors quelques-unes à genoux sur des tombeaux.

Si l'on a bien voulu tenir compte de toutes les recommandations que nous avons faites, nous pouvons espérer que l'on ne se trompera jamais que d'un bien petit nombre d'années quand, après mûr examen, on assignera un âge aux tombeaux que l'on ira visiter. Nous savons fort bien que nous laissons encore de côté dans notre petite note une foule de détails; mais, outre l'extrême difficulté que l'on éprouve en province à se procurer les matériaux nécessaires à un travail complet, nous sentons un peu de rougeur nous monter au front, quand nous pensons qu'il y a si longtemps que nous occupons les instans des lecteurs du *Mémorial*.

(Extrait du *Mémorial de la Mayenne.*)

TABLE DES MATIÈRES.

PREMIÈRE PARTIE.

DEUXIÈME PARTIE.

NOTE SUR LES PIERRES TOMBALES.

ERRATA.

Page 18, ligne 11, lisez *frêtes* et non *fenêtres*.

— 20, — 19, lisez *chapelles* et non *paroisses*.

— 21, — 14, lisez *bien qu'en Italie la statuaire, etc.*

— 33, — 8, au lieu de *tout le pied droit*, lisez *et dont le pied droit.*

— 38, — 16, au lieu de *un troisième rang d'arcs ouverts cintrés*, lisez *un troisième rang d'arcs ouverts à plein cintre.*

— 74, — 11, au lieu de *et de se mettre*, lisez *en se mettant.*

— 79, — 4, de la note. Lisez *pliées* et non *plissées*.

— 80, — 15, au lieu de *Serlon d'Albon*, lisez *Serlon d'Abon.*

— 83, — 1re, de la note. Lisez *la robe* et non *la roche*.

www.ingramcontent.com/pod-product-compliance
Ingram Content Group UK Ltd.
Pitfield, Milton Keynes, MK11 3LW, UK
UKHW021229230726
13926UKWH00003B/1328